Dressurübungen im Gelände

Dressurübungen im Gelände

Gymnastizierung ohne Bahn und Halle

von Daniela Bolze

CADMOS
PFERDEBÜCHER

Gestaltung und Satz: Ravenstein, Verden
Titelfoto: Daniela Bolze
Fotos: Daniela Bolze, Christiane Slawik
Druck: Westermann Druck, Zwickau

Printed in Germany

ISBN 3-86127-539-2

Inhalt

1 Wo ein Wille ist, ist auch ein Weg

Die Fjordstute ist mit viel Spaß nur im Gelände dressurmäßig ausgebildet worden. (Foto: Christiane Slawik)

Gehören Sie auch zu denjenigen, die ja so gerne die dringend notwendige Bahnarbeit zur Gymnastizierung mit ihrem Pferd machen würden – aber leider steht keine Reitbahn zur Verfügung ... Dann willkommen im Klub. Ich selbst habe mich so jahrelang vor Schulterherein, Schenkelweichen, Stellung, Biegung und Versammlung gedrückt. Beliebte Ausreden waren auch: „Ich hab nur Zeit für eine kurze Runde im Gelände" (die dann aber auch eine Stunde dauerte). „Ich bin heute zu gestresst." Alternativ dazu: „Mein Pferd ist nicht gut drauf." Besonders beliebt bei Stutenbesitzern: „Meine Süße ist rossig." Erstaunlich nur, wenn es zur Zwölf-Monats-Dauer-Rosse wird. Oder: „Das Gelände ist einfach zu nass." Alles vertraute Redewendungen. Und alle bergen immer ein Zipfelchen Wahrheit in sich – aber nicht über das ganze Jahr gesehen. Schließlich war ich es leid, auf der Vorhand latschende Pferde zu reiten. Der entspannte Ritt durchs Gelände wurde schlicht langweilig. Die Strecke altbekannt, die Pferde liefen wie in einem Dom-Karussell. Das konnte es nun auch nicht sein.

Immer häufiger ging mein Griff im Bücherregal zu den Werken der alten, klassischen Dressurausbilder statt zu den neuen Lehren über Horsemenship, Dominanztraining, Joinup. Und immer klarer wurde auch mir die Tatsache, dass ich als verantwortungsvolle und Pferde liebende Reiterin um eine fundierte Gymnastizierung und Ausbildung meines Pferdes gar nicht herumkomme. Es ist als Lastentier schlicht nicht geschaffen. Und wenn es meine freundlich geschätzten 60 Kilo zuzüglich Sattel mit sich herumschleppen muss, wird es vom Reitpferd zum Lastenträger. Dressur bekam für mich einen völlig neuen Hintergrund: kein künstliches Lektionen-Abnudeln im immer gleichen Dressurviereck, sondern Ausbildungsstandard für gesunde Reittiere. Wer sich einmal intensiv mit der Skala der Ausbildung beschäftigt, kann gar nicht umhin, sie im Sinne des Pferdes nachzuarbeiten.

Ein Teil der Erfolgstrophäen der Vollblutstute Second Fire, die fast ausschließlich im Gelände für die Dressurlektionen bis Klasse S trainiert wird.

Skala der Ausbildung

Die Ausbildungsskala gilt sowohl für die systematische Grundausbildung eines jeden Pferdes, unabhängig von seinem späteren Verwendungszweck oder für welche Disziplin es genutzt wird, als auch für den systematischen Aufbau einer jeden Trainingseinheit.

Der Ausbildungsweg teilt sich in drei Phasen:

- Gewöhnungsphase
- Entwicklung der Schubkraft
- Entwicklung der Tragkraft

Die Phasen beinhalten:

Losgelassenheit, Takt, Ungebundenheit, Anlehnung, Geraderichten Balance, Durchlässigkeit, Schwung und Versammlung. Keiner der neun Punkte steht für sich allein, sondern sie ergänzen und bauen sich auf. Alles zusammen führt zur Durchlässigkeit.

Takt bedeutet das räumliche und zeitliche Gleichmaß in den drei Grundgangarten.

Losgelassenheit bezeichnet einen Bewegungsablauf mit schwingendem Rücken und zwanglosem, unverkrampftem Muskelspiel. Losgelassenheit stellt sich nur bei einem psychisch und physisch entspannten Pferd ein. Ungebundenheit ist das Ergebnis von Losgelassenheit und Takt.

Anlehnung ist die stete, weich-federnde Verbindung zwischen Reiterhand und Pferdemaul. Sie wird vom Pferd gesucht und vom Reiter gestattet.

Schwung ist die Übertragung des energischen Impulses aus der Hinterhand auf die Gesamt-vorwärtsbewegung des Pferdes. Es fußt energisch ab und schwingt in der Schwebephase gut nach vorne durch.

Ein Pferd ist dann **gerade gerichte**t, wenn die Hinterhand und die Vorhand aufeinander eingestellt sind. Sowohl auf gerader, als auch auf gebogener Linie läuft das Pferd hufschlagdeckend. Erst dann findet das Pferd seine **Balance**.

Versammlung ist das Ziel der gymnastischen Ausbildungsarbeit. Die Last des Pferdes ist gleichmäßig auf alle vier Beine verteilt. Die Hinterbeine übernehmen bei stärker gebeugten Hanken mehr Last und treten weiter unter – das Pferd läuft bergauf. Zur Versammlung zählt auch die ausbalancierte Selbsthaltung des Pferdes

Durchlässigkeit ist die Bereitschaft des Pferdes, die Reiterhilfen gehorsam und zwanglos umzusetzen.

(Ausführlich nachzulesen sind die Grundlagen der Ausbildungsskala in dem Buch „ Elemente der Ausbildung" von Kurt Albrecht von Ziegner.

Der Wille zur dressurmäßigen Gymnastizierung und die Einsicht in ihre Notwendigkeit, auch bei mir als reinem Freizeit- und Geländereiter, war also da – nur gab es immer noch keine ebene, immer trockene Reitbahn. Also fing ich an, mein Ausreitgelände einmal gründlicher unter die Lupe zu nehmen. Und siehe da: Es war eigentlich das ideale Trainingsgelände für alle Spielarten der Dressur: Seitenstreifen für Schultervor und Schulterherein, Baumalleen für Schlangenlinien, Einzelbäume auf freier Fläche fürs Zirkelreiten, Zirkelverkleinern und -vergrößern. Berg und Tal fur versammelnde Übungen. Matschflächen für kurze Trabreprisen und und und. Ich musste nur lernen, hinzusehen, kreativ zu werden, die Gegebenheiten für mich zu nutzen. Dieses Buch möchte Ihnen Anregungen bieten, Sie ermutigen, selbst kreativ zu werden und so mehr Freude und Qualität in den Alltag mit Ihrem Pferd zu bringen.

Im zweiten Teil möchte ich Ihnen Übungen anbieten, die Sie wunderbar in der Gruppe reiten können. Denn auch hier wird das ewige Einerlei, bei dem die Pferde womöglich immer in der gleichen Reihenfolge die gleiche Strecke laufen, schnell langweilig. Es macht einfach Spaß, zusammen die Pferde zu mehr Aufmerksamkeit, Rittigkeit und Zuverlässigkeit zu bringen.

Wann in die Bahn ...

Sicherlich gibt es im Reiterleben Situationen, da geht es mit einer großen, ebenen und trockenen Reitbahn mit federndem, nicht zu tiefem Boden einfach besser. Ich will auch jetzt noch nicht sagen: Es geht nicht ohne, denn dazu werden zu viele Pferde sehr gut geritten, ohne jemals ein Dressurviereck von innen gesehen zu haben. Die Arbeit in der Bahn erleichtert schlicht das exakte Reiten. Wenn es sich dabei um eine wie oben beschriebene Reitbahn handelt, bietet sie die Möglichkeit, das Pferd taktrein und ohne Ablenkung durch Bodenunebenheiten zu arbeiten.

Erst bei einem wirklich schön federnden Boden wagt das Pferd, Gewicht mit der Hinterhand aufzunehmen und unterzutreten. Es fällt ihm leichter, den Rücken aufzuwölben und sich loszulassen. Das ist für uns vergleichbar mit den unterschiedlichen Böden zum Laufen: harter Asphalt, von dem wir Gelenk- und Rückenschmerzen bekommen; zu tiefer Sandboden, der ermüdend ist und in dem man sich eher schleppt; wurzeliger Waldboden, bei dem man immer Angst haben muss, zu stolpern oder umzuknicken; oder als Krönung des Laufsports eine fachgerecht angelegte, leicht federnde Aschenbahn mit dem richtigen Untergrund.

Meistens sind solche Areale auch so gelegt, dass es wenig Ablenkung von außen gibt, sodass man sich gemeinsam mit dem Pferd besser konzentrieren kann. Vor allem für den Unterricht, also die Kontrolle der reiterlichen Fähigkeiten und des Ausbildungsstandes des Pferdes durch eine Reitlehrerin oder einen Reitlehrer, ist eine Bahn fast unverzichtbar. Denn durch die Mittelposition haben die Ausbildenden ihre Schüler immer im Blick und müssen nicht hinter ihnen herlaufen. Und selbst wenn sie vom Reitlehrer oder Reitlehrerin auf einem Pferd ins Gelände

Gerade jungen Pferden gibt ein zuverlässig ebener Boden mehr Sicherheit, beherzt unterzutreten.

begleitet werden, müsste sich dieser noch zusätzlich auf das eigene Pferd konzentrieren. Wobei ich gelegentliche Reitstunden im Gelände für äußerst sinnvoll für Pferd und Reiter halte. Und sie sind als Nebeneffekt noch ein Prüfstein für den Profi: Ist er nur gut in der Theorie oder kann er sein Know-how auch in der Praxis draußen umsetzen? Was ihn im negativen Fall allerdings nicht unbedingt als guten Lehrer herabsetzen würde. Man kann für einen kurzen, konzentrierten Zeitraum ganz in die Zwiesprache mit dem Pferd abtauchen. Die immer gleichen Boden- und Umgebungsbedingungen lassen eine größere Kontrolle des Geforderten zu und ermöglichen auch dem Reiter eine größere Eigenkontrolle über seinen Sitz und die korrekte Hilfengebung. Eine Ecke ist immer eine gleich große Ecke an derselben Stelle. Ich kann in so einem geometrischen Areal wunderbar meine richtige Hilfengebung überprüfen. Weder ich noch das Pferd sind großartig abgelenkt durch Vorkommnisse im Gelände

Stangenarbeit mit Abfolgen lässt sich natürlich am besten in der Bahn oder Halle üben.

– natürlich vor allem dann, wenn man eine Halle zur Verfügung hat. Oftmals kann man erst dann, wenn es darum geht, das Pferd wirklich auf einem Hufschlag um die Bahn herumzureiten, feststellen, wie viel Kontrolle man tatsächlich über das Geradeausreiten und die korrigierende Arbeit der Reiterschenkel hat; eine Kontrolle, die vor allem bei jungen Pferden wichtig ist.

Nicht zuletzt ist vor allem eine schrittgenaue Cavaletti- und Stangenarbeit eigentlich nur in der Bahn möglich.

Vorteile für die Bahn oder Halle:

- Gleich bleibende Bodenbedingungen ermöglichen taktklares Arbeiten
- Höhere Konzentration
- Ideale Unterrichtsbedingungen
- Kontrolle, ob die Hilfen punktgenau stimmen

Im Eifer des Gefechtes und wegen der begrenzten Außenreize neigt man in der Bahn manchmal dazu, sich in Lektionen zu verbeißen und die Leichtigkeit zu verlieren.

Die Gefahr bei reiner Bahnarbeit ist in erster Linie die Langeweile. Viele Pferde spulen ihr Ausbildungs- und Dressurprogramm routinemäßig ab – natürlich nur dann, wenn vom Reiter keine spannenden Anregungen kommen. Denn auch für die Bahn gibt es jede Menge kreative Übungen.

Pferde, die fast nur in der Halle geritten werden, verkümmern langfristig in ihren Sinnesorganen. Sie werden fast schon zu Autisten, denn in vielen Fällen sind das auch noch dieselben bemitleidenswerten Tiere, die ausschließlich in der Box gehalten werden ohne Weidegang – aus Angst vor Verletzungen.

Kontakt mit der Natur gibt es kaum noch. Das grenzt an Tierquälerei. Bringt man solche Tiere plötzlich in die Natur, setzt sie Gerüchen, Geräuschen, Wetter, Wind und anderen Tieren aus, reagieren viele panisch mit dem für Pferde typischen Fluchtverhalten – und damit bestätigen sie ihren Reiter darin, nur ja nicht hinauszugehen. Dieser Teufelskreis muss dringend mit Hilfe eines ruhigen, erfahrenen Geländepferdes als Begleiter durchbrochen werden.

Selbst ein genügend großes Dressurviereck oder eine Halle von 40 mal 60 Metern bedeutet für das Lauftier Pferd auf Dauer eine enorme Einschränkung in seiner Bewegung. Denn logischerweise muss es spätestens nach 60 Metern wieder eine Biegung vornehmen. Ein richtig schön lang gestreckter Galopp in ruhigem Tempo, bei dem sich alle Muskeln und Sehnen strecken und entfalten können, ist in so einem Areal niemals möglich. Und in den meisten Fällen haben die Vierecke und Hallen wesentlich kleinere Ausmaße. Das Pferd ist also immer gezwungen, in Biegungen zu laufen. Was – wenn es richtig ausgeführt wird – sicherlich eine sehr gymnastizierende Wirkung hat, aber kein Dauerzustand sein darf.

Außerdem neigen viele Reiter bei der Bahnarbeit dazu, zu verbissen, zu intensiv zu arbeiten. Sie sind so voll auf die Übung konzentriert, dass sie andere Signale leicht übersehen. So kommt es oft dazu, dass man frustrierter aus der Bahn herauskommt, als man hineingegangen ist. An so einem Tag wäre ein kurzer Geländeritt mit ein, zwei kleinen Übungen am Rande allemal besser gewesen.

... wann ins Gelände?

Das ist bereits ein Pluspunkt für die Gymnastik im Gelände. Übungen lassen sich fast nebenbei einbauen. Pferd und Reiter verbeißen sich nicht in der Ausführung. Die äußeren Umstände verändern sich ständig, es kommt kaum Langeweile auf. Selbst wenn man dieselbe Strecke reitet, ist sie zum einen durch die Jahreszeiten, also optisch, als auch durch die ständig wechselnden Wetterbedingungen immer wieder neu: mal windig, mal verschneit; dann sind alle Wege nass und matschig oder staubtrocken und knüppelhart. Holzschlag oder Ernte verändern die Landschaft immer wieder, ganz zu schweigen von Autos, Menschen, Treckern, Waldfahrzeugen, Skateboardfahrern, Hunden und so fort, die das Gelände mit benutzen und so für reichlich Abwechslung sorgen.

Die Pferde werden flexibler und konzentrieren sich mehr auf die Reiterhilfen als auf die Bahnpunkte, an denen die einzelnen Übungen sonst abgerufen werden. Auch wenn man bei einem jungen Pferd Übergänge und bestimmte Bahnfiguren ganz bewusst an immer denselben Bahnpunkten reitet, um ihm mehr Sicherheit zu geben, stumpft es das Tier doch relativ schnell ab und es reagiert eher automatisch als tatsächlich auf die Reiterhilfe. Oftmals kann man Bodenbeschaffenheiten zur Unterstützung mit einbauen, sei es bei einem stürmischen jungen Pferd der tiefe Acker bergauf für die ersten Galoppübungen als Bremse, unebene Wegstrecken für die ewigen Schlurfer und Stolperer oder Davonstürmer, damit sie

Wie nebenbei wird mal schnell eine Schlangenlinie eingebaut, die das Pferd wunderbar stellt und biegt.

sich auf ihre eigenen vier Beine konzentrieren müssen, oder umgestürzte Bäumchen, über die das Pferd krabbeln muss. Wie nebenbei gibt man dazu die richtige Hilfe.

Gymnastizierung im Gelände findet fast immer nebenbei statt und macht so in den meisten Fällen beiden Parteien mehr Spaß – ohne an Effizienz zu verlieren. Solchen Spaß zeigen die Pferde dann oftmals auch wieder in der Bahn, wenn die Übungen hier abgefragt werden.

Vorteile für Gymnastizierung im Gelände:

- Mehr Abwechslung, ständig neue Herausforderungen
- Lockere Herangehensweise an die Übungen
- Bodenbeschaffenheiten für die Übung nutzen
- Mehr Spaß – auch in der Gruppe
- Größere mentale Leistung

Ausrüstung

2

Will man im Gelände Dressurübungen reiten, gelten die gleichen Grundsätze wie für jedes Reiten überhaupt: Die Ausrüstung muss vor allem dem Pferd, aber auch dem Reiter passen. Und sie darf weder einzwängen noch schmerzen.

Sattel

Es ist erschütternd zu sehen, wie viele Pferde sich mit unpassenden Sätteln plagen müssen, sei es aus Geiz des Besitzers, denn Sättel können oftmals teurer werden als das Pferd, oder aus Unwissenheit. Beide Gründe sind vor dem Pferd nicht zu verantworten! Überprüfen Sie unbedingt, ob der Sattel wirklich pferdeschonend auf dem Rücken Ihres Pferdes liegt. Ein schlecht passender Sattel ist für ein Pferd genauso unangenehm wie zu enge, drückende Schuhe, mit denen Sie auch keine Langstrecken laufen möchten.

Das bedeutet:

Schulterfreiheit: Der Sattel darf weder auf den Schulterblättern liegen noch so knapp dahinter, dass das Pferd bei jedem Vorwärtsgehen der Vorhand dagegenstoßen würde. Er muss in der Kammer weit genug sein, sodass nach dem Reiten keine Dellen auf dem Rücken in der Sattellage entstehen.

Wirbelsäulenfreiheit: Die Sattelkissen müssen so weit die Wirbelsäule des Pferdes frei lassen, dass diese auch bei gebogenen Linien nicht berührt wird, was leider bei vielen Sätteln der Fall ist. Die Sattelkissen müssen gleichmäßig ohne Knötchen gepolstert sein. Solche Knötchen entstehen bei jedem Sattel im Laufe der Jahre durch Abnutzung. Der Sattel muss in ganzer Länge auf dem Rücken aufliegen, ohne schwebende Stellen zu haben. Das kann man oft erst nach dem Reiten sehen, wenn einige Stellen ganz dunkel und nass sind und andere trocken. Da, wo der Satteabdruck trocken ist, lag der Sattel nicht auf – eine so genannte Brückenbildung ist entstanden. Und die bedeutet, dass dafür umso mehr Gewicht auf den aufliegenden Stellen entsteht. Mit so einem Sattel können wir vom Pferd keine gute Arbeit verlangen. Er führt schlicht zu Kommunikationsproblemen, denn über den Sitz und die Gewichtsverlagerung bekommt das Pferd ja den Großteil seiner Information, unserer Hilfen übermittelt. Die Wirbelsäulenfreiheit muss unbedingt gewährleistet sein. Deswegen sollte zwischen Vorderzwiesel vorne am Sattel und Widerrist eine aufrechte Hand stehen können. Bitte achten Sie nicht nur beim Sattel, sondern auch bei der Satteldecke darauf, dass diese sich nicht auf dem Rücken festzieht. Das kann ebenfalls zu Druck führen. Des-

Hier kann man deutlich sehen, dass die Reiterin das Pferd zu sehr einseitig rechts belastet. Positiv: Der Sattel liegt eben und ohne Brückenbildung auf.

wegen immer gut auskammern oder am besten gleich eine anatomisch geformte Satteldecke wählen, die auch Luft an die Wirbelsäule lässt. Sie müssen von vorne nach hinten durchschauen können.

Wenn Sie sich nicht mehr als zwei Stunden im Gelände bewegen, können Sie durchaus mit einem reinen Dressursattel hinaus. Aber für lange Reitzeiten bieten sich Sättel mit breiteren Sattelkissen eher an, da sie mehr Auflagefläche haben und die Wirbelsäule des Pferdes nicht so schnell punktuell ermüden und belasten. Gerade in letzter Zeit kommen immer mehr Sättel auf den Markt, die beides vereinen: weiche, breite Sattelkissen und trotzdem eine Sitzfläche, die den Dressursitz begünstigt. Sättel, die nicht so klobig sind.

Der Sattel sollte in sich gerade auf dem Pferd liegen. Das kann man sehr schön feststellen, indem man sich auf einen Stuhl hinter das gesattelte Pferd stellt. Viele Sättel scheinen in ihrer Längsachse geradezu links oder rechts am Pferdehals vorbeizuschießen. Lassen Sie vom Sattler feststellen, ob es am Sattelbaum liegt oder ob Ihr Pferd sich derzeit in einer Ausbildungsphase befindet, in der es kurzzeitig eine körperliche Schiefe entwickelt hat. Deswegen ist es so wichtig, beide Körperseiten immer gleichmäßig zu trainieren.

☞ **Tipp:**

Jedes Lebewesen hat eine „gute" und eine „schlechte" Seite. Auch Pferde sind Links- und Rechtshänder, je nachdem, in welcher Lage sie im Mutterleib waren. Auf der schlechten Seite scheinen vor allem alle biegenden Hilfen zu klemmen. Trotzdem müssen Sie daran arbeiten. Fangen Sie immer mit der guten Seite an, machen Sie dann dieselbe Übung auf der schlechten Seite, wechseln Sie erneut. Man darf sich nicht verbeißen – aber auch nicht aufgeben.

Dieser Wanderreitsattel passt zwar hinten, ist aber vorne an der Schulter zu knapp, um wirklich biegende Übungen zu trainieren, ohne das Pferd zu behindern.

Länge: Viele Sättel sind vor allem für Ponyrassen und sehr quadratische Pferde schlicht zu lang. Sie drücken im Nierenbereich, was ungemein schmerzhaft ist (und gut nachvollziehbar). Als Folge drückt das Pferd entweder den Rücken nach unten weg oder macht sich fest. Beides sind fatale Folgen, die nicht nur ungesund fürs Pferd, sondern auch unbequem für den Reiter sind. Vor allem viele Westernsättel sind mit ihren Skirts viel zu lang und liegen zum Großteil auch auf der Schulter auf. Warum das immer noch so gemacht wird, entzieht sich meinem Verständnis.

Mit einem gut passenden Western- oder Wanderreitsattel lässt sich natürlich genauso gut Dressurgymnastik machen wie mit einem reinen Dressursattel. Allerdings müssen die Schulterfreiheit und richtige Kürze des Sattels unbedingt gewährleistet sein. Denn kein Pferd kann sich entspannt biegen, wenn ihm ein Sattelbaum oder Pauschen ins Schulterblatt staksen oder in die Nieren drücken! Fürs Geradeausreiten mag ein zu großer Sattel mit breiter Auflage noch hinnehmbar sein. Aber nicht, wenn das Pferd sich in seiner Längsachse biegen soll.

Wählen Sie eine Bügellänge, die etwas kürzer ist, als wenn Sie in der Bahn Dressur reiten. Denn bei der Gymnastik im Gelände ist ein Vorteil, dass Sie das Pferd zwischen den Lektionen immer wieder im leichten Sitz – entweder im Trab oder Galopp – physisch und mental entspannen können. Zur eigenen Sicherheit ist ein etwas kürzerer Bügel besser und auch bequemer.

Wenn das Pferd sich bereits selbst tragen kann und die stellenden und biegenden Hilfen verstanden hat, kann man wunderbar und fein mit Stange oder Kandare plus Unterlegtrense reiten und trainieren.
(Foto: Christiane Slawik)

Zaumzeug

Auch beim Zaum gilt: Er muss dem Pferd passen. Es gibt keine Beschränkungen, was Art und Stil angeht. Viel eher ist die Zäumung abhängig vom Ausbildungsstand des Pferdes. Mit einem jungen Pferd kann ich nur mit einer doppelt oder einfach gebrochenen Trense oder einem Snaffle arbeiten. Nur so lernt es unabhängig seine Biegungen und die Impulse in der jeweiligen Maulspalte. Mit einer Stange würde die Hilfe verkantet im Pferdemaul ankommen. Das Tier kann nicht mehr nachvollziehen, was wir von ihm wollen. Das Gebiss muss frei von schmerzenden Kanten und Ähnlichem sein. Jedes Gebiss schlägt mit der Zeit aus, lockert sich an den Verbindungen und wird dort scharfkantig. Deswegen muss man es regelmäßig kontrollieren. Es darf weder zu groß noch zu klein im Maul sein. Die Ringe sollten genau an den Maulspalte anliegen, ohne das Maul einzuklemmen, wenn man sie Richtung Rücken anklappt. Wenn sich zwei, drei kleine Fältchen an der Maulspalte ergeben, ist es zumeist von der Höhe her richtig eingeschnallt. Denn es darf auf gar keinen Fall lose gegen die Zähne schlagen. Lassen Sie vom Tierarzt vor der Arbeit und dann mindestens einmal im Jahr kontrollieren, ob die Zähne Ihres Pferdes in Ordnung sind, vor allem, ob keine Wolfszähne vorhanden sind. Auf diese würde jedes Gebiss drücken und dem Tier Schmerzen verursachen – was meistens mit Kopfschlagen oder Unwilligkeit quittiert wird. Es ist immer wieder erstaunlich, wie viele Verspannungen und sogar Lahmheiten durch Zahnprobleme beim Pferd entstehen.

Ob Sie Anzüge beim Gebiss wählen, hängt von Ihrem Können und auch vom Pferd ab. Da ich bei ernst gemeinter Dressurgymnastik davon ausgehe, dass der Reiter zügelunabhängig sitzen kann, sollte er auch in der Lage sein, mit feiner Hand zu reiten, sich also nicht am Zügel festzuhalten.

Manchmal ist es sinnvoller, im Gelände ein etwas schärferes Gebiss einzuschnallen, da Pferde dort doch auch recht übermütig und bewegungsfreudig reagieren können. Und sie haben ja reichlich mehr Platz, um ihrem Fluchtinstinkt freien Lauf zu lassen. Mit einer schärferen Zäumung bekommen Sie so ein Tier oftmals wieder besser unter Kontrolle.

Manche Pferde reagieren besser, wenn der Handimpuls nicht nur auf die Laden drückt wie bei Trensen, sondern gleichzeitig noch über das Genick wirkt. Wie viel Druck im Maul und im Genick ankommt, hängt von den oberen und unteren Anzügen des Gebisses ab. Für dickhalsige Pferde und Ponys bietet sich ein kleines Pelham oder sogar eine spanische Kandare an, mit der man auch vierzügelig reiten kann. Durch den Impuls im Genick geben die Pferde sie leichter nach und man hat nicht mehr so viel in der Hand. Sofort beim Nachgeben kann man weiter fein arbeiten.

Probieren Sie ruhig immer mal wieder ein neues Gebiss aus – allerdings anfangs nur auf einem eingezäunten Areal. Manchmal werden Pferde ohne ersichtlichen Grund gebisssauer. Verändern Sie einfach Material oder Form und geben Sie neue Impulse. Die Auswahl ist berauschend.

Wenn Pferde bereits Biegung und Stellung gelernt haben, kann man sie wunderbar mit Kandare oder Stange im Gelände arbeiten. Nur Hackamore oder Bosal fallen als Zäumung für gymnastizierende Übungen aus, da sie dem Pferd durch ihre Mechanik keine Stellung geben können. Die Gefahr des Verkantens wäre zu groß.

Die Trense selbst sollte im Gelände aus Sicherheitsgründen einen Sperrriemen haben, damit das Pferd sich nicht der Reiterhilfe entziehen kann. Aber er darf nicht die Luft abschnüren oder einengen. Sie sollten locker zwei Finger unter den Nasenriemen schieben können. Das Pferd muss ja noch die Möglichkeit haben abzukauen. Achten Sie auch darauf, dass die Ohren genügend Platz haben und nicht durch einen zu kurzen Stirnriemen eingeklemmt werden. Das juckt, vor allem dann, wenn das Pferd anfängt zu schwitzen. Außerdem befinden sich am Ohr empfindliche Druckpunkte, die nicht unnötig stimuliert werden sollten.

Reiterliche Ausrüstung

Benutzen Sie im Gelände auf alle Fälle eine Kappe, egal wie sicher Sie selbst sind oder Ihr Pferd oder welchen Stil Sie reiten. Auch der älteste Hase kann mal scheuen. Und ich selbst kenne etliche Fälle, wo das Tragen einer Kappe Leben rettete. Ansonsten sollte die Kleidung natürlich auch für Sie bequem und nicht einengend sein. Da Sie viel mit Körperdrehung und zentimetergenauer Sitzeinwirkung arbeiten, eignen sich Reithosen mit Vollederbesatz sehr gut. Sie erleichtern Ihnen einen wirklich rutschfesten Sitz. Es gibt sie mittlerweile in sehr günstigem und pflegleichtem Synthetikmaterial, das echtem Leder gegenüber in nichts nachsteht – im Gegenteil. Einfache Jeans eignen sich zum dressurmäßigen Reiten nicht. Denn durch ein ständig angelegtes Bein und Schenkeleinwirkung rutscht das Hosenbein hoch oder wirft im Knie Falten, was zu blutigen Scheuerstellen führen kann.

Und ich rate Ihnen zu Handschuhen. Nicht, um fester zupacken zu können, sondern zur Schonung der eigenen Hände. Es kann immer mal wieder vorkommen, dass Ihr Pferd einen besonders hitzigen Tag hat. Und da ist schon so mancher mit blutigen Knöcheln nach Hause gekommen, weil er sich am Sattel aufgescheuert hat (ich spreche da aus Erfahrung). Außerdem können Lederzügel sehr rutschig werden, wenn sie durch den nassen Pferdehals ebenfalls nass werden. Mit Handschuhen haben Sie dann besseren Halt.

Wenn Ihr Pferd das Reiten mit einer Gerte gewohnt ist, sollten Sie sie auch bei den unten beschriebenen Lektionen

Wie man sich und das Pferd ausstattet, ist Geschmackssache. Entscheidend ist, dass die Ausrüstung beiden bequem passt und nicht einengt.

mit ins Gelände nehmen. Sie können durch den richtigen Gerteneinsatz punktgenaue, akzentuierte Hilfen geben, ohne den Sitz zu verlieren. Dasselbe gilt für Sporen, wenn Ihr Pferd und Sie damit umgehen können. Beide Hilfsmittel sollen ein Mittel für Sie und das Pferd sein, um der Hilfe akzentuierten Ausdruck zu geben. Sie sind nicht zum Dauereinsatz oder gar für Strafmaßnahmen gedacht; höchstens kann man mit einem kurzen Gertenschlag aus dem Handgelenk mehr Aufmerksamkeit einfordern.

Hilfen

3

Jede hier angeführte Hilfe versteht sich als Impuls. Er beginnt zart, fast unscheinbar, und kann sich innerhalb von drei Abstufungen zu einer äußerst deutlichen Gertenhilfe ausweiten. Bitte keinen Dauerdruck oder -zug auf das Pferd ausüben. Eine Hilfe soll das Pferd unterstützen und nicht behindern. Überprüfen Sie immer zuerst, ob Sie selbst alles richtig gemacht haben. Wenn ja, werden Sie deutlicher, indem Sie den Impuls erhöhen. Wenn immer noch keine Reaktion kommt, fordern Sie das Pferd mit einem kurzen Gertenimpuls zur Reaktion auf. Kein wildes Draufschlagen, sondern ein kurzer, akzentuierter Impuls, wie ein kurzer verbaler Ausruf „Hey, hör zu!". Ein fein gerittenes Pferd ist das Resultat richtig dosierter und richtig angewandter Hilfen, die dem Pferd unsere Wünsche verständlich und ausführbar machen.

Zuerst kommt immer die Gewichtshilfe, meist parallel mit der Schenkelhilfe, erst dann folgt der Zügel.

Unter Gewichtshilfe versteht man eine Verlagerung des Reitergewichtes im senkrechten Lot zur gewünschten Seite. Die Gewichtskonzentration verschiebt sich von beiden Gesäßknochen auf jeweils nur einen. Wichtig ist, dass der Reiter nicht einfach mit der Hüfte einknickt, denn damit würde das Gewicht genau zur anderen Seite verlagert, als man beabsichtigt. Knicke ich nach links mit der Hüfte ein, wird mein rechter Gesäßknochen belastet und das Gewicht nach rechts verschoben. In der klassischen Dressur soll das Pferd lernen, unter das Reitergewicht zu treten. Möchte ich eine seitliche Linksbewegung des Pferdes, verlagere ich meinen Schwerpunkt auf den linken Gesäßknochen, sodass das Pferd nachfolgt. Mein Oberköper bleibt im Idealfall völlig senkrecht über dem Pferd und hat sich minimal im Sattelmittelpunkt verschoben. Am einfachsten kann man die Verlagerung durch den so genannten Bügeltritt erzielen. Dabei wird der entsprechende Steigbügel etwas mehr mit dem Bein belastet und damit gleichzeitig der Gesäßknochen. Nur bitte nicht vor lauter Anstrengung das Bein steif wegstrecken! Die Gewichtshilfe brauche ich für jede denkbare Richtung: vor und zurück, seitlich, Zirkel ausgleichend auf der Geraden und für Seitengänge.

Gerader Sitz: Beine gleich lang, Sitzbeinhöcker gleich belastet ...

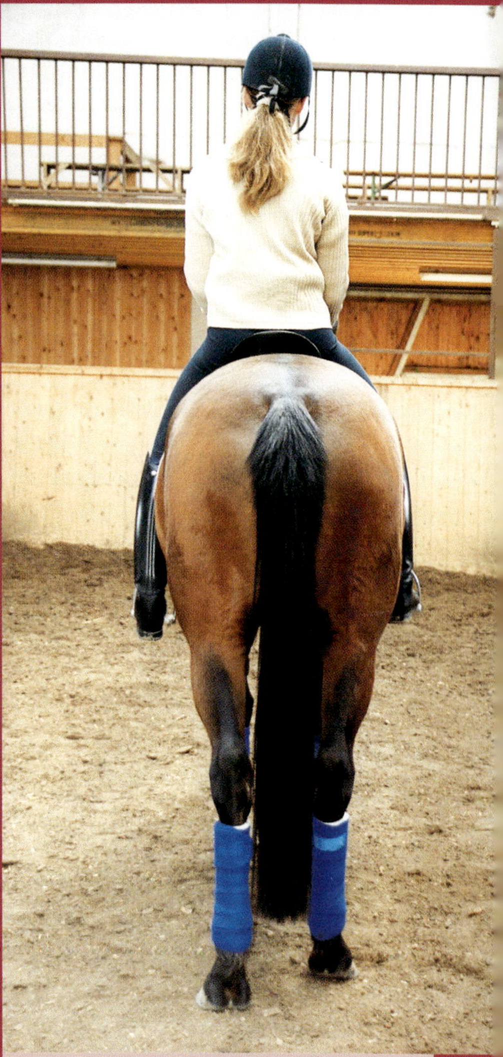

... richtige Gewichtsverlagerung nach links: Bügeltritt links, Sitzbeinhöcker links mehr belastet, Schultern gerade, die linke Taillenseite ist gestreckt ...

Unter Schenkelhilfe versteht man den Einsatz des Beines vom Knie abwärts. Der Oberschenkel sollte immer ruhig verwahrend, ohne das Pferd einzuquetschen, lose aus der Hüfte heraus am Sattel anliegen. Bei Lektionen auf gebogenen Linien drückt das innere Knie ganz automatisch ein wenig mehr an als das äußere. Die Schenkelhilfe ist nur dann sinnvoll, wenn sie in dem Moment gegeben wird, in dem das Pferd mit dem jeweiligen Bein gerade abfußen will. Nur dann bekommt es den Impuls, das eigene Bein mehr zu aktivieren. Das gilt für Vorwärtsgänge ebenso wie für die Seitengänge. Die

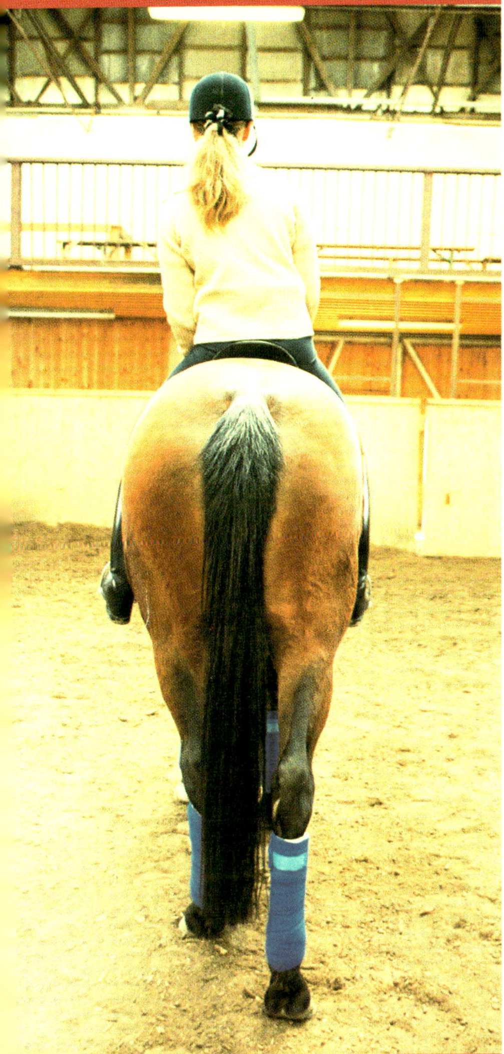

... und die falsche Gewichtsverlagerung mit eingeknickter Taille nach links. Das Gewicht driftet nach rechts, also genau auf die falsche Seite.

Schenkel sollen nicht klammern, sondern impulsartig mit kurzem Druck wechselseitig angelegt werden, ohne dass dabei gleich das Knie oder der Absatz hochrutschen. Normalerweise reicht ein leichtes Zurückstreifen und anschließendes Vorschmeicheln des Unterschenkels aus. Wenn man häufig mehr Kraft aufbringen muss, sollte man das Pferd mit einem gekonnten, akzentuierten Sporeneinsatz für den Schenkel sensibilisieren. Der Sporn muss gezielt und punktgenau eingesetzt werden, damit das Pferd mit Nachdruck zur Reaktion aufgefordert wird – bitte kein stumpfer Dauereinsatz! Sensibilisierung und Grundausbildung gehören in Expertenhände. In fast allen Fällen, in denen ein Schenkel zum Seitwärtstreten eingesetzt werden soll, muss auch der zweite Schenkel eine Funktion übernehmen. Meist hat er eine Kontrollwirkung. Er passt verwahrend darauf auf, dass das Pferd nicht gleich ganz nach außen wegdriftet. Oder er ist für den Vorwärtsdrang verantwortlich, während der andere das Seitwärtstreten unterstützt. Aber dazu mehr bei den einzelnen Übungen.

Die Zügelhilfe sollte im Idealfall von einer weichen, einfühlsamen Reiterhand ausgeführt werden. Die Hand gehört immer dem Pferd, das heißt, dass sie der Bewegung des Pferdekopfes sanft nachfolgt und nicht starr in einer Position verharrt. Zur Reiterhand gehört der gesamte Arm bis hoch zur Schulterpartie. Der Arm muss locker aus der Schulter heraus getragen werden, leicht am Oberkörper anliegen, locker im Ellenbogen gewinkelt und frei einsatzfähig sein. Der Reiter muss dafür unbedingt zügelunabhängig sitzen können, was nichts anderes heißt, als dass er die Zügel keinesfalls dazu missbrauchen darf, um sich auf dem Pferd festzuhalten. Nur wer kraft seines Balancegefühls und Gleichgewichts freihändig auf dem Pferd in allen Gangarten sitzen kann, ist zu einer einfühlsamen Handeinwir-

Wunderschön zu sehen: Die Hände führen die Vorhand, die Schultern sind parallel zur Pferdeschulter, die Hüfte ist parallel zur Hüfte des Pferdes. Der innere Schenkel biegt das Pferd, der äußere kontrolliert das äußere Hinterbein.

kung und korrekten Zügelhilfen fähig. Um das zu erreichen, muss man Longenstunden nehmen. Das schont das Pferdemaul ganz ungemein. Die Zügelhilfe ist zum einen mitverantwortlich für die Richtungsanweisung, da sie das jeweilige Vorderbein und die Schulter des Pferdes unter Kontrolle hat. Sie ist mit halben und ganzen Paraden auch für die Temporegulierung und die Übergänge verantwortlich, und zu guter Letzt auch für die Einleitung der biegenden und stellenden Lektionen.

Die Sitzhilfe ist am schwierigsten zu erklären und auch diejenige, die zu den größten Missverständnissen führt.

Unter diesen Begriff fällt auch das so genannte „Kreuzanspannen", das beim Reiten völlig fehl am Platz ist. Wenn ich nicht nur passiv und unstörend auf dem Pferd sitzen will (was in den meisten Fällen schon viel wert ist), brauche ich einen gelösten, aber aktiven Sitz, um das Pferd akzentuiert und energievoll vorwärts zu reiten. Dabei muss der Körper eine ganze Reihe von Leistungen vollbringen. Er muss einerseits aufrecht sitzen, darf aber nicht starr sein. Die Wirbelsäule muss locker die Bewegungen des Pferdes abpuffern und bis über den Nacken hinaus ableiten. Ich brauche die Bauchmuskeln, um nicht wie ein nasser Sack zusammenzusinken. Die untere Bauchmuskulatur und untere Rückenmuskulatur sind auch diejenigen, die am meisten für die richtige Kreuzhilfe verantwortlich sind. Denn als „Kreuzhilfe" wird ein zwar mitschwingender, aber auch gleichzeitig treibender Sitz verstanden. Und das geht nur, wenn die Rückenmuskulatur so beweglich ist, dass sie der Pferdebewegung folgen kann. Die treibende Kraft erhält sie durch den Bauch und das Becken. All dies geschieht in Form von kurzen Impulsen und nicht durch ein ständiges Anspannen, was nur zu Verspannungen bei Mensch und Pferd führen würde. Das Gesäß muss bei aller Energie und Bewegung locker bleiben, damit die angespannten Muskeln mich nicht wie einen Flummi nach oben katapultieren. Überhaupt ist mit die anstrengendste Leistung des Reiters, einen stark schwingenden Rücken des Pferdes mit den eigenen Bewegungen des Beckens und Rückens mitzuverfolgen und auszusitzen, ohne zu klemmen oder hoch und runter zu plumpsen.

Generell gilt: Die Hände und vor allem die Schulterposition des Reiters lenken die Vorhand, die Schenkel die Hinterhand. Zum Treiben werden der Sitz und die Gerte benutzt, nur impulsartig die Schenkel. Sie sollen das Pferd vor allem zum Untertreten der Hinterhand animieren. Das Pferd soll seinen Schwerpunkt immer wieder neu unter dem Reitergewicht suchen und natürlich auch finden. Das bedeutet, dass der Reiter sein Gewicht immer in die gewünschte Bewegungsrichtung verlagern muss.

4 Training im Gelände

Wenn der Boden es zulässt, kann man auch auf einem Acker versammelnde Lektionen gehen wie die Stute Second Fire.

Es gibt eigentlich keine Geländebeschaffenheit, die man nicht für gymnastische Übungen nutzen könnte. Entscheidend bei der Auswahl der Strecke für die entsprechende Übung ist immer die Sicherheit des Pferdes. Als Reiter sollte ich mich vorab ausführlich über die genaue Bodenbeschaffenheit informieren.

Nur wenn ich sicher sein kann, dass das Pferd ohne Rutsch- und Stolpergefahr eine Übung durchführen könnte, kann ich auch mehr Druck ausüben, um es dazu zu bewegen und es zu ermuntern. Es gibt immer wieder Pferde, die selbst sehr genau wissen, was ihren Beinen zuzumuten ist. So sind manche Pferde nicht in den Trab oder Galopp zu bekommen, wenn der Boden auch nur ansatzweise rutschgefährdet oder zu hart und steinig ist, während andere ohne Rücksicht auf Verluste zutreten. Bei diesen muss der Reiter stets selbst die volle Verantwortung für die Bodensicherheit übernehmen!

Selbst wenn sich der Boden als rutschig erweisen sollte, bedeutet das keinen gänzlichen Verzicht auf Übungen. Ich muss schlicht das Tempo drosseln. Auch im Schritt lässt sich viel erreichen. Und der Winter ist für Outdoor-Reiter oftmals eine Zeit, in der gerade dieser gut und ausdauernd trainiert werden kann. Übrigens gilt in der Ausbildungsskala ein perfekter, raumgreifender, nicht eilender Schritt mit als schwerste Lektion!

Trainingsablauf

Genau wie in der Bahn muss das Pferd auch im Gelände physisch und psychisch erst auf die einzelnen Lektionen vorbereitet werden. Selbst ein Offenstall-Pony braucht seine Zeit in ruhigem Schritt, damit die Gelenkflüssigkeit ihre Arbeit aufnehmen kann, vor allem im Winter. Und das Pferd sollte seelisch so stabil sein, dass es gut und gerne ins Gelände geht, ohne permanent zu scheuen. Am besten ist es natürlich, wenn man mindestens zu zweit nach draußen geht – aus Sicherheitsgründen. Stellen Sie vorher klar, welches Tempo Sie gehen möchten, damit der eine nicht einen flotten Ritt hinlegen will und der andere ausgerechnet heute viele Übergänge und versammelnde Lektionen üben will. Bei Dressurübungen im Gelände sollten die Pferde ein ähnliches Tempo haben oder gut anpassbar sein, weil sie sonst hinterhereilen oder permanent gehalten werden müssen, was dem Trainingszweck ebenfalls abträglich ist. Ist das gemeinsame Reiten nicht möglich, sollte das Pferd es gewohnt sein, sich nur dem Reiter anzuvertrauen. Ist es alleine ohne Begleitung eines Kumpanen ängstlich, kann keine lösende Entspannung stattfinden, aus der heraus der Körper die Lektionen erst gymnastizierend umsetzen kann.

Beginnen Sie etwa zehn Minuten in einem ruhigen, aber nicht latschenden Schritt. Das Pferd bekommt dabei so viel Halsfreiheit, wie es braucht. Lassen Sie es ruhig links und rechts schauen. Das löst gleichzeitig die Kopf- und Halsmuskeln seitlich und macht das Genick beweglich. In dieser lösenden Phase kann man auch wunderbar den Hals einseitig und abwechselnd nach links und rechts biegen, wobei das Pferd geradeaus gehen soll. Am besten geht man mit der entsprechenden Hand weit vor und nach oben. Diese Aufwärtsbewegung in der Maulspalte manipuliert das Pferd dazu, nachzugeben. Als Reflex nimmt das Pferd den Kopf kurz nach innen und sollte sich auch abwärts dehnen. Sofort muss man den Impuls nachlassen und die andere Seite genauso animieren.

Nach der Schrittphase lassen Sie das Pferd in einem lockeren, zügigen Trab immer noch mit recht langem und tief eingestelltem Kopf traben. Dabei dürfen die Hände gerne in Schulterhöhe des Pferdes locker am Hals fixiert werden. Der Reiter kommt damit automatisch in

Nutzen Sie die Lösungsphase im Gelände, um auch das Genick des Pferdes beweglich zu machen und zu lösen.

einen entlastenden, leichten Sitz. Das Pferd kann die Zügel schwerer bei einer Aufwärtsbewegung des Kopfes aus der Hand ziehen. Aber ein entspannendes Vorwärts-Abwärts ist trotzdem möglich. Und die Hand liegt ruhig, sodass das Pferd vertrauensvoll an den Zügel herantreten kann und in die Anlehnung findet.

Achten Sie darauf, beim Leichttraben in regelmäßigen Abständen umzusitzen. Viele Pferde lassen einen automatisch immer auf demselben Bein aufstehen. Das würde zur Einseitigkeit führen. Statt immer nur beim Hinsetzen umzusitzen, können Sie auch die Variante wählen, dass Sie beim Aufstehen einfach einmal stehen bleiben. Das schult gleichzeitig das Balancegefühl und verbessert das Aufstehen beim Leichttraben.

Diese Trabarbeit ist vor allem für sehr bewegungsintensive Tiere wichtig, die sich erst einmal abreagieren müssen, bevor sie sich auf die eigentliche Arbeit konzentrieren können.

☞ **Tipp:**

Richten Sie sich in ihrem Trainingsablauf individuell nach dem Temperament Ihres Pferdes und nach den Wetterbedingungen. Trägere Tiere ermüden durch lange Trab- und Galoppreprisen eher, als dass diese sich produktiv auswirken. Hier bringen kurze Übergänge und schnelle Tempowechsel mehr Leben in die Arbeit. Heißere Tiere müssen sich erst einmal etwas abreagieren, um sich überhaupt konzentrieren zu können. Für sie bieten sich kleine versammelnde Lektionen zwischen den einzelnen Trab- und Galoppstrecken an, in denen sie wieder zur Ruhe kommen können. An einem bitterkalten Tag sieht der Trainingsplan anders aus (längere Aufwärmphase) als an einem brütend heißen Sommertag (keine ellenlangen, den Kreislauf belastenden Tempostrecken).

Wenn die Pferde den Galopp ruhig annehmen, bietet er sich ebenfalls als Aufwärmphase nach Schritt und Trab an.

Temperamentvolle Pferde lassen sich oft durch einen zügigen Trab lösen, bei dem das Pferd allerdings nicht unter dem Reiter und vor den Hilfen weglaufen darf.

Erst wenn Ihr Pferd sich auch im Gelände nach vorwärts-abwärts abgestreckt hat, den Rücken unter Ihnen auch ausgesessen aufwölbt und ein paar Mal richtig abgeschnaubt hat, können Sie an die einzelnen Lektionen gehen.

Nach den lösenden Übungen sollten Sie jetzt die biegenden wie Schultervor und Schulterherein in Angriff nehmen. Wenn auch die seitliche Biegung und Lockerheit des Pferdes gewährleistet sind, was man gut auf Zirkellinien und Schlangenlinien um Bäume und Ähnliches überprüfen kann, kann man an die Lektionen herangehen, in denen das Pferd mehr Last mit der Hinterhand aufnehmen muss, wie Travers, Renvers, Schenkelweichen. Außerdem kann man an Übergängen, Gangverstärkungen und weiteren versammelnden Lektionen arbeiten.

Wegränder

Unter Wegrändern versteht man alle seitlichen Begrenzungen, die sich am Rande eines Asphalt- oder Sandweges befinden. Sie können entweder ebenfalls aus Sand

Für die meisten stellenden und biegenden Übungen eignen sich alle Wegränder, wenn sie nur vom Boden her eben und nicht ausgetreten sind.

oder aber aus kurzem und hohem Gras bestehen. Bei der Wahl des Wegrandes sollten Sie darauf achten, dass Sie nicht von Bäumen behindert werden und diesen mit einem schiefen Sitz ausweichen müssen. Das lenkt von der Reiterhilfe ab. Oft liegen an Wegrändern viele Flaschen und Müll. Auch das muss man immer im Auge behalten. Wenn sich die Geländestrecke direkt um Ihren Stall herum befindet, kennt man meist eh jedes Steinchen und kann auch mal mit dem Fahrrad Müll und Ähnliches vorab wegräumen. Außerdem sollten die benutzten Ränder nicht zu ausgetreten und vermatscht sein.

Geradeausreiten

Zu kontrollieren, ob mein Pferd wirklich geradeaus die Spur halten kann, ist für Geländereiter oftmals mit die schwerste Übung. Sind sie einmal auf einem Dressurviereck oder in einer Halle, stellen manche Reiter erschrocken fest, dass ihr Pferd nicht einmal gerade auf dem Hufschlag gehen kann. Doch auch dafür gibt es im Gelände eine schöne Alternative.

Die schmalen Streifen neben wenig befahrenen Asphaltstraßen und Wirtschaftswegen eignen sich hervorragend zum Geradeausreiten. Das hört sich simpel an und ist doch mit eine der schwersten Übungen. Denn viele Pferde neigen dazu, auf die Straße auszuweichen, in leichten Schlangenlinien zu wanken oder die seitlichen Büsche und Bäume für kleine Snacks zu nutzen.

Nutzen Sie stattdessen den schmalen Streifen, um das Pferd wenn möglich nur mit Gewichts- und Schenkelhilfen genau

Hört sich so einfach an und ist mit das Schwierigste: das Pferd wirklich gerade gerichtet auf gerader Linie ohne Bande im Gelände zu reiten.

auf dem von Ihnen gedachten Hufschlag zu halten. Gemeint sind keine stramm zugedrückten Schenkel, sondern minimale Impulse mit dem jeweiligen Unterschenkel und den entsprechenden Gesäßknochen, um dem Pferd im Moment der

Abweichung sofort wieder die richtige Richtung zu weisen. Gleich danach entspannen Sie sich wieder, vielleicht nur für ein, zwei Sekunden, dann müssen Sie von neuem korrigieren. Anfangs scheint man es nicht zu schaffen. Das Pferd will partout nicht ein längeres Stück geradeaus gehen. Steter Tropfen höhlt den Stein: Bleiben Sie ruhig, gelassen und konsequent in Ihren Hilfen. Korrigierender rechter Zügeleinsatz, wenn das Pferd nach links ausweicht, Bügeltritt nach rechts, Hüfte gerade und nicht eingeknickt. Beide Schenkel sind auf Habacht, das Pferd einzurahmen, ihm Halt zu geben. Der Blick geht frisch nach vorne.

Kontrollieren Sie sich selbst, ob Sie das Pferd durch Ihre eigene Schiefe,zum Beispiel eine eingeknickte Hüfte, vielleicht vom gedachten Hufschlag wegdrücken, was sehr oft passiert. Richten Sie sich neu im Sattel aus und lassen Sie sich von einem Mitreiter, der hinter Ihnen reitet, korrigieren, ob Sie wirklich mittig sitzen.

Tipp:

Bei dieser Übung lässt sich auch gut kontrollieren, ob der Sattel passt oder vielleicht generell schief sitzt oder ob Ihre eigene Schiefe so extrem ist, dass Sie sich permanent neu korrigieren müssen. Dann sollten Sie sich in der Sitzschule an die Longe nehmen lassen. Denn schiefe Reiter bilden schiefe Pferde aus – aber auch andersherum.

Schultervor

Wegränder lassen sich zudem fantastisch für erste Schultervor-Übungen nutzen. Reiten Sie Ihr Pferd mittig zwischen den Schenkeln (leichte Anlehnung und Bereitschaft, korrigierend einzuwirken) geradeaus.

Beim Schultervor kreuzen die Beine des Pferdes nicht. Die Reiterhüften sollten so geradeaus wie möglich bleiben, da das Pferd ja nur in seiner Halsstellung nach innen gestellt werden soll.

Der innere Schenkel schmiegt sich leicht an das Pferd und treibt den inneren Hinterfuß vor, der äußere bleibt locker hinter dem Sattelgurt liegen, um es vor einem eventuellen Ausbrechen nach außen zu bewahren. Die innere Hand geht leicht nach innen, ohne konkreten Zug nach hinten auszuüben, die äußere Hand bleibt deutlich seitlich vom Mähnenkamm stehen

Tipp:

Die äußeren Hilfen sind besonders wichtig bei dieser ersten Übung für die korrekte Stellung des Pferdes. Der äußere Zügel muss sensibel und flexibel verwahren, ohne zu behindern oder nutzlos durchzuhängen. Das Pferd wird mit Gesäß und Schenkel an den äußeren Zügel herangetrieben. Beim Schultervor geschieht dies nur minimal, umso deutlicher beim Schulterherein.

Beim Schultervor entsteht nur eine minimale Stellung des Kopfes vom Hufschlag, im Gelände der Wegrand oder hier noch mit Hilfe einer Zaunanlehnung.

und gibt so weit wie nötig sanft nach, ohne die Verbindung zu verlieren. Wenn das Pferd Kopf und Hals nach innen nimmt (wobei der Kopf in der Senkrechten herumkommt und nicht mit dem Maul gezogen werden darf, sodass das Pferd im Genick verkantet), lässt sämtlicher Druck nach. Der innere Zügel gibt von selbst nach, statt zu ziehen. Das Pferd soll sich daran abstoßen und sich von ihm frei machen können.

Das Pferd darf nicht einfach mit dem Zügel herumgezogen werden, sondern die Stellung geschieht mittels der Körperhaltung und vor allem mit dem inneren Schenkel und Gesäßknochen. Die Hand bietet nur eine Orientierungshilfe. Wichtiger als die innere Zügelhand ist die begrenzende äußere, die dem Pferd die Anlehnung bietet.

Beim Schultervor halten die Schenkel das Pferd nur im Geradeaus, hindern es daran, nach innen abzubiegen, da sich

Hier kann man dank des Aalstriches sehr schön die Stellung des Kopf-Hals-Bereiches sehen bei gerader Rückenlinie …

… während man hier wunderbar die Biegung durch den gesamten Pferderumpf erkennen kann – mit Hilfe des Reitersitzes.

weder die Vorder- noch die Hinterbeine überkreuzen sollen. Genauso bleiben beide Gesäßknochen annähernd gleich belastet.

Anfangs reichen kleine Bewegungen nach innen. Nicht übertreiben, sondern viel mehr auf die Leichtigkeit achten. Belohnen Sie das Pferd durch Nachgeben bereits für kleine Ambitionen. Schultervor als Übung für die Stellung erhöht die Biegsamkeit des Halses. Ein frei beweglicher Hals ist eine Grundvoraussetzung für eine auf der Hinterhand gerittene Versammlung.

☞ **Tipp:**

Seitengänge dürfen nicht mit Hackamore geritten werden. Das Pferd würde nur sein Genick verkanten und kann die Zügelhilfen nicht verstehen.

Schulterherein

Das Schulterherein ist die erste Übung für Stellung und Biegung des Pferdes, wobei die Biegung hierbei nur sehr gering ausfallen darf, da das Pferd sonst verbiegen würde. Beim Schulterherein wird das Pferd entgegen der Bewegungsrichtung gestellt und gebogen. Die Hilfen dafür sind dieselben, nur dass Sie Ihre Schultern parallel zur Pferdeschulter mitdrehen und jetzt ganz bewusst den inneren Schenkel und Ihre Gewichtshilfe mit der Belastung des inneren Gesäßknochens einsetzen müssen, um das Pferd zu einer Biegung seines gesamten Rumpfes zu bewegen – beim gleichzeitigen Vorwärtsgehen. Auch wenn es anfangs kaum zu glauben ist: Es sind der Impuls über den inneren Schenkel, Ihre eigene Schulterdrehung und die Gewichtshilfe durch den belasteten Gesäßknochen, die das Pferd biegen, und nicht der Zügel.

Tipp:

Wenn Ihr Pferd nicht reagiert – obwohl Sie sich der richtigen Ausführung sicher sind –, üben Sie erst einmal vom Boden, gerne auch mit einem Sporn in der Hand. Akzentuierte Impulse mit dem Sporn beim Reiten haben bei manchem Pferd zum Aha-Erlebnis geführt – und anschließend klappt es dann auch ohne Sporen gut.

Beim Schulterherein soll das Pferd die vorderen Beine über drei bis vier Hufschläge kreuzen, während die Hinterhand in einer Spur bleibt. Das Ausbrechen der Hinterhand kontrolliert auch hier der zurückgelegte äußere Schenkel. Eine Übung, die man wunderbar am Randstreifen im Gelände mit und ohne Heckenbegrenzung reiten kann.

Einige Pferde neigen bei dieser Übung dazu, den Hufschlag oder Wegrand ganz zu verlassen und nach innen zu drängen. Wenn Sie diese Ambition bereits im Ansatz mit dem inneren Schenkel und einer kurzzeitigen Gewichtsverlagerung auf den äußeren Gesäßknochen korrigieren können, ist

Schulterherein über vier Hufschläge. Etwas weniger Abstellung, über drei Hufschläge, würde für eine gute Gymnasizierung völlig ausreichen.

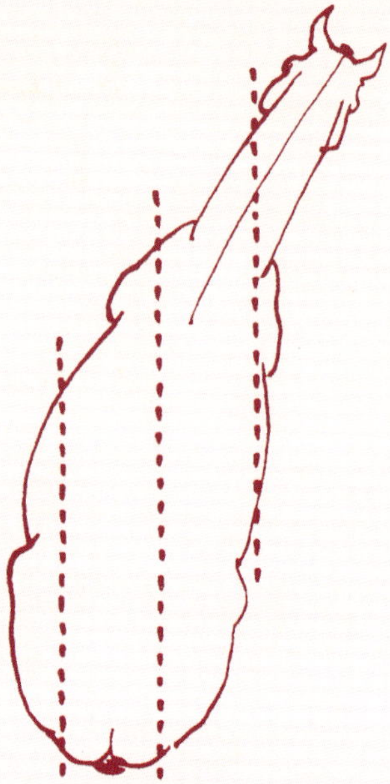

Schulterherein einmal über drei ...

... und über vier Hufschläge

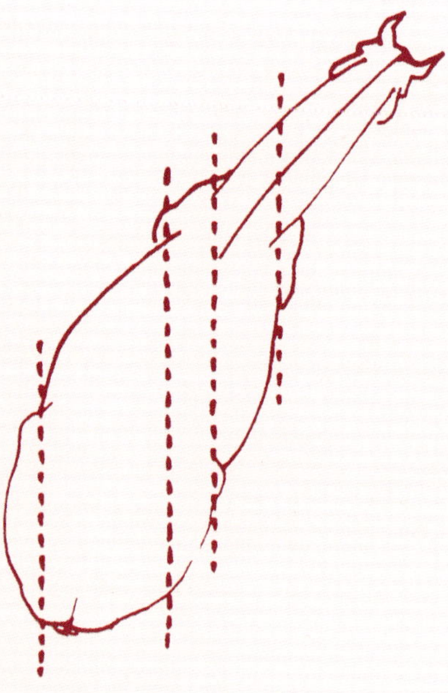

es schön. Wenn nicht, leiten Sie das Pferd lieber in eine Volte ein, damit kein unnötiges Gezerre entsteht. Lassen Sie es danach wieder gerade auf dem Seitenstreifen gehen und leiten Sie die Übung erneut ein. Es wird immer besser und länger klappen.

Übergänge

Natürlich eigenen sich alle geraden Wege – egal wie schmal sie sind – wunderbar für Übergänge von einer Gangart in die andere – von schnell nach langsam und andersherum. Wenn der Wegrand ausgetretener sein sollte, womit er sich ja nicht mehr so gut für biegende Übungen anbietet, kann er sehr hilfreich fürs Anhalten sein, denn eine kleine Furche veranlasst das Pferd eher dazu, nicht mit der Hinterhand auszubrechen, sondern gerade anzuhalten. Dasselbe gilt auch für das Rückwärtstreten.

Wege

Schlangenlinien

Wenn man einen ebenen Asphaltweg oder festen, ebenen Sandweg vor sich hat, kann man ihn wunderbar zum Reiten von Schlangenlinien nutzen. Dazu braucht er nicht viel breiter als 4 Meter zu sein. Wichtig ist, dass die Schlangenlinien ganz bewusst mit der Gewichts- und Schenkelhilfe geritten werden und Sie darauf achten, dass sich

Schlangenlinien kann man auch wunderbar auf Asphaltstraßen reiten, da man diese nur im Schritt gehen sollte. Hier ist besonders schön die Biegung um den inneren Schenkel zu sehen.

das Pferd auch wirklich um den inneren Schenkel biegt und nicht einfach im Zick-zack von einer Straßenseite zur anderen latscht.

Beim Schlangenlinienreiten geben Sie wieder die gleichen Hilfen wie beim Schulterherein, nur dass das äußere Bein jetzt verstärkt treibt (manchmal reicht bereits ein bewusstes Anlegen aus!), damit die Seitwärtsbewegung in ein Vorwärts übergeht. Wichtig ist auch, das Pferd immer wieder kurz gerade zu stellen, bevor man in die nächste Biegung geht. Sitzen Sie deutlich um, geben Sie die Hilfen anfangs übergenau. Erwarten Sie nicht zu viel. Auch hier gilt: lieber kleine Schritte, aber die richtig ausgeführt, als ein Schlangenpferd, das vor Ihren Hilfen davoneilt.

Gut zu erkennen sind die Phasen der Schlangenlinie: Das vordere Pferd ist zum Umstellen gerade gerichtet, das hintere noch in der Biegung.

Ebenso kann man an solchen Wegstrecken gut Schenkelweichen reiten, wenn das Pferd diese bereits mit Hilfe einer Begrenzung (siehe Abschnitt „Begrenzungen") gelernt hat.

Biegeübungen auf geraden Straßen und Wegen bieten sich immer dann an, wenn man ansonsten recht flott und unversammelt im Gelände unterwegs ist. Sie dienen als kleine Arbeitseinheiten, in denen das Pferd sich zwar im Tempo erholen kann, dafür aber den Kopf einschalten und die entsprechenden Muskeln trainieren muss.

☞ Tipp:

Ein Ausritt sollte immer eine gelungene Mischung aus flottem Vorwärtsreiten, gerne auch am langen Zügel, aber mit bewusst getriebener Hinterhand und biegenden, sprich versammelnden Übungen sein. Und immer wieder dazwischen kurze Strecken einlegen, in denen Sie das Pferd ganz in Ruhe lassen. Oftmals reichen 100 Meter aus.

Die Fjordstute geht im leichten Travers: Die Kruppe ist vor die Schulter gestellt.

Travers und Renvers

Wenn das Pferd bereits durch Schulterherein und Schenkelweichen vorbereitet ist, nutze ich ebene Wege, um das Pferd bereits im Schritt im Travers und Renvers zu reiten. Was von beidem ich reite, ist nur in der Bahn von Bedeutung, da sich die beiden Lektionen lediglich darin unterscheiden, ob der Kopf oder die Kruppe an der Bande gehen (im Travers ist der Kopf an der Bande, im Renvers die Kruppe). Da wir das im Gelände kaum vorfinden, kommt es nur auf die Stellung und Biegung und die Stärke des Vorwärts-Seitwärts an.

Das Pferd ist in die Bewegungsrichtung gebogen. Der innere Gesäßknochen ist belastet; gehen wir einmal von einem Travers nach rechts aus, also der rechte. Das Pferd ist wieder mit der sanften Zügelführung nach rechts gestellt, die äußere Hand hält die Anlehnung. Jetzt hat allerdings der äußere, weit zurükkgelegte Schenkel die Aufgabe, die Kruppe des Pferdes um den inneren Schenkel zu biegen. Der rechte Steigbü-

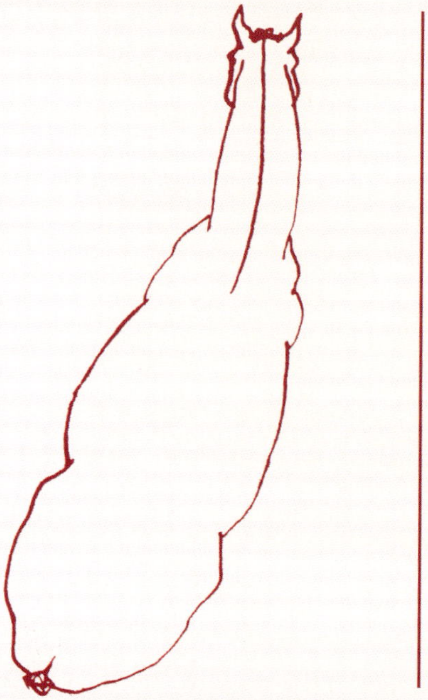

Beim Travers ist der Kopf an der imaginären Bande. Stellung und Biegung sind in Bewegungsrichtung.

Beim Renvers ist die Kruppe an der Wand/Bande.

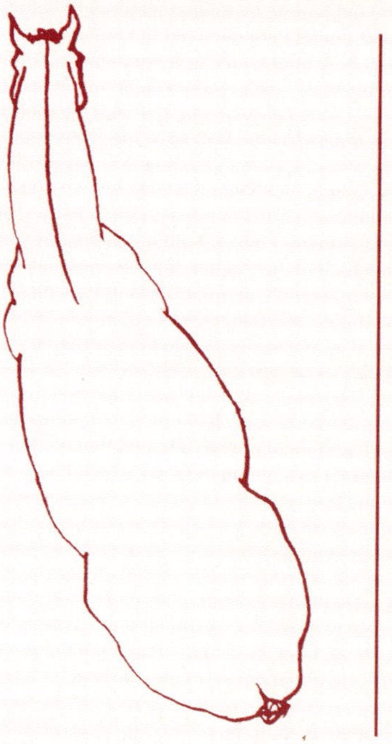

gel wird deutlicher belastet, damit die Gewichtsverlagerung noch stärker wird und das Pferd unter den neuen Schwerpunkt treten kann. Doch Achtung: Nicht das Bein verkrampfen, da es ja auch noch für die innere Biegung zuständig ist! Der Reiter muss unbedingt darauf achten, nicht in der Hüfte einzuknicken, um so die Gewichtsverlagerung ad absurdum zu führen. Auch sollte er nicht hinter der Bewegung herhängen und das Pferd so unter den Schwerpunkt schieben wollen. Der innere Schenkel biegt das Pferd zwar noch. Aber der äußere, zurückgelegte Schenkel treibt das äußere Hinterbein zum Untertreten an. Beim Renvers gibt die Hüfte des Pferdes den entscheidenden treibenden Impuls nach vorwärts.

Traversale

Sie unterscheidet sich vom Travers nur dadurch, dass sie auf der freien Linie geritten wird. Zum reinen Vorwärts kommt das Seitwärts hinzu. Bei der Traversale besteht die Gefahr, dass das Pferd vom Tempo her verhungert, also seinen Schwung verliert, oder dass es an seinem eigenen Schwerpunkt vorbeitritt. Deshalb sollte man sie anfangs nicht übertreiben, um das Pferd nicht zu überfordern. Lieber wenige Schritte korrekt als viele hingewürgt und gezwungen.

Um die Seitwärts-vorwärts-Bewegung zu erzielen, übernimmt der innere Schenkel gleichzeitig noch eine vorwärts treibende Funktion, während der äußere, zurückgelegte für das Seitwärts- und Untertreten der Hinterhand verantwortlich ist.

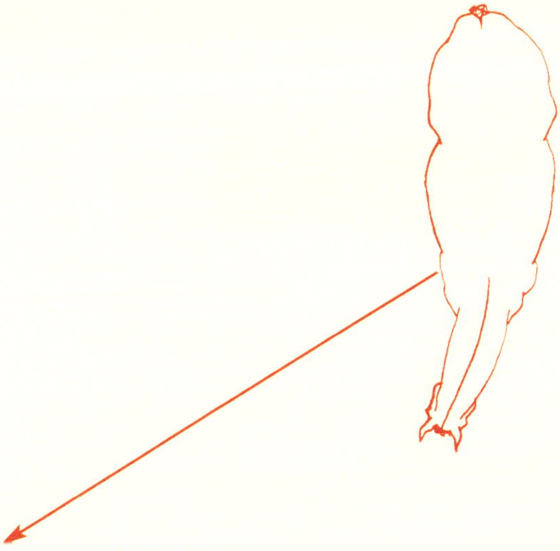

Bei der Traversale ist das Pferd wie beim Travers in Bewegungsrichtung gestellt, nur dass zum Vorwärts jetzt noch ein Seitwärts hinzukommt.

Traversale im Schritt. Dabei kann man sehr leicht den Schwung verlieren. Besser sollte man sie im Trab reiten.

Die Bäume sollten nicht zu eng beisammenstehen, damit das Pferd eine Chance hat, drum herum zu kommen. Je weiter ausgebildet es ist, desto enger geht es.

Bäume und ähnliche Hindernisse in Reihe

Für Schlangenlinien eignen sich auch hervorragend Baumreihen, Begrenzungspfosten, Steinreihen und Ähnliches, vor allem für junge Pferde. Sie können den Grund erkennen, warum sie sich biegen sollen, nämlich um die entsprechenden Hindernisse. Oft fällt es auch dem Reiter leichter, durch eine sichtbare Baumreihe zu reiten und sich entsprechend zu biegen, als Schlangenlinien auf einer schnurgeraden Straße zu machen. Baumreihen zwingen zur korrekten Hilfengebung, weil sonst ganz schnell die Kniescheiben daran glauben, wenn die Gewichtshilfe zu ungenau war. Pferde neigen dazu, nur Platz für sich selbst einzuplanen und nicht für die Reiterbeine. Und obwohl wir darauf Wert legen, ein Pferd zu reiten, das mitdenkt, sollte es sich doch auf unsere Reiterhilfe beim Taxieren verlassen und nicht auf seinen Blick.

Manchmal sind kleine Büsche für erste biegende Übungen besser geeignet als gleich ganze Baumreihen. Sie sind auch schonender für die Kniescheiben.

Wählen Sie aber bitte anfangs solche Bäume aus, die nicht zu eng beieinanderstehen, um das Pferd nicht gleich zu überfordern. Variieren Sie, indem Sie auch mal Achten um die Hindernisse reiten, später dann gerne auch ein, zwei Bögen rückwärts.

Für gebogene Linien, wie sie Volten und Zirkel darstellen, gelten dieselben Reiterhilfen wie für das Schulterherein, nur dass das Pferd jetzt im Vorwärts und nicht im Seitwärts geritten wird. Stellen Sie das Pferd mit dem Kopf auf die gebogene Linie ein, indem Sie Ihre eigene Schulter in die gewünschte Position drehen. Die Hände gehen dabei automatisch mit. Der innere Gesäßknochen ist belastet. Das Pferd wird um den inneren Schenkel gebogen. Der äußere Schenkel begrenzt und hält die Hinterhand auf der gebogenen Linie. Das Pferd wird einmal mehr von den inneren an die äußeren Hilfen geritten.

Drängt das Pferd nach innen oder fällt über die innere Schulter ein oder die äußere Schulter aus, lassen Sie sich nicht von Ihrem korrekten Sitz ablenken. Manchmal fühlt es sich an – vor allem natürlich auf jungen Pferden –, als ritte man auf einem Schluck Wasser in der Kurve. Bleiben Sie im korrekten Sitz, führen Sie Ihr Pferd notfalls mit dem deutlich nach außen genommenen äußeren Zügel wieder auf die Zirkellinie zurück (wenn es nach innen driftet; wenn es nach außen driftet, natürlich mit der jeweils inneren Hand). Biegen Sie es unerschrocken um den inneren Schenkel. Vertrauen und Zeit sind alles: Es wird schon.

Je nach Ausbildungsstand können Sie die Schlangenlinien am losen Zügel fordern. Dabei kommt es nur auf die Leichtigkeit und bereitwillige Annahme der Hilfen an. Oder aber Sie reiten versammelt mit Anlehnung oder sogar im Trab und Galopp.

☞ **Tipp:**

Im Idealfall tritt das Pferd auch auf einer gebogenen Linie spurgleich in seinen eigenen Hufabdruck. Man spricht erst dann von einem gerade gerichteten Pferd, wenn es sowohl auf geraden als auch auf gebogenen Linien mit den Hinterbeinen in die Spur der Vorderbeine tritt. Der hintere Hufabdruck darf gerne über den vorderen hinausgehen – umso schöner –, aber er muss auf derselben Linie liegen.

Volten und Zirkel

Einzeln stehende Bäume geben Ihnen und dem Pferd ebenfalls gute Anhaltspunkte, um Volten oder Zirkel zu reiten. Auch hierbei wird das Pferd mittels Schulterdrehung und Gewichtsverlagerung geritten. Üben Sie einmal das Zirkelverkleinern und -vergrößern, indem Sie beim Kreiseln um den Baum oder Stein nur mehr Gewicht in den äußeren Steigbügel geben (Zirkel vergrößern) oder in den inneren Steigbügel (Zirkel verkleinern). Eine tolle Übung, um den Aha-Effekt der Gewichtsverlagerung zu erzielen. Unterstützt wird die Einwärts- oder Auswärtsbewegung noch durch den jeweils treibenden äußeren Schenkel (das ist der, der nicht an der Seite anliegt, in die das Pferd gehen soll).

Übertreten

Kleine Büsche oder Bäume eigenen sich auch hervorragend, um mit dem Pferd seitliches Übertreten zu üben. Beim Zirkelverkleinern stellt man das Pferd mit dem Zügel so weit mit dem Kopf zum Hindernis, dass es kaum noch nach vorne geht, sondern den Schwung nutzt, die Hinterbeine deutlich zu kreuzen. Praktisch eine Vorhandwendung in Bewegung. Aber Vorsicht, dass das Pferd nicht im Genick verkantet oder sich im Hals verbiegt!

Im Gelände einen guten Ort für Zirkel zu finden gehört mit zu den schwierigsten Dingen, denn es sollte eine genügend große, ebene, rutschfeste Fläche zur Verfügung stehen. Der Zirkel sollte mindesten 20 Meter Durchmes-

Büsche und Bäume kann man auch zum Übertreten als vordere Begrenzung und Orientierung für das Pferd nutzen.

ser haben. So etwas bieten meistens nur Felder oder Wiesen. Doch die sollte man niemals ohne Genehmigung der Besitzer betreten, um verständlichen Ärger zu vermeiden. Zirkelübungen bieten sich daher am besten im Herbst an, wenn die Stoppelfelder brachliegen. Aber bitte auch hierfür die Genehmigung einholen!

Zirkel auf einem freien Feld zu reiten verlangt vom Pferd bereits gute Durchlässigkeit und Gleichgewicht und damit ein gewisses Maß an Versammlung, da Sie hier in den meisten Fällen keine Bande zur Anlehnung haben. Die meisten Pferde drängen deswegen nach außen oder brechen über die Schulter nach innen aus. Trotzdem sollte man diese

Im ersten Moment sieht es aus, als hänge die Reiterin beim Übertreten hinter dem Bewegungsschwerpunkt. Aber sie sitzt genau lotrecht zum untertretenden Hinterbein. Nur ihr äußerer Schenkel steht deutlich zu weit ab, ein gern und oft gemachter Fehler.

Wenn der Bauer es erlaubt, sind Heulageballen wunderbare Anhaltspunkte, um die sich Zirkel und Volten reiten lassen.

Übung immer wieder einfließen lassen, anfangs im Schritt, später im Trab, Könner später im Galopp. Wer wirklich aufs Stoppelfeld darf, kann auch wunderbar große Achten reiten und hat damit einen herrlichen Spielplatz, um Galoppwechsel zu üben. Aber bitte nur bei bestem Boden!

Begrenzungen

Jede Hecke, Baumreihe, jeder Knick und Zaun eignet sich als Ersatzbande, um Übungen zu reiten, für die das Pferd eine äußere Begrenzung braucht. Die Absehbarkeit der Länge ist dabei oft von Vorteil, denn kaum ein Zaun ist mehrere hundert Meter lang. Man konzentriert sich mehr auf die Übung, statt immer und immer wieder die Bahnseiten abzureiten. Nach dem Zaun oder der Hecke ist die Übung halt vorbei, Entspannung ist angesagt. Nächste Hecke, nächster Versuch. Geländegegebenheiten zwingen auch den ehrgeizigsten Reiter immer wieder zu kleinen Pausen, die dem tierischen Schüler oftmals viel besser bekommen.

Achten Sie aber bei den Übungen an Begrenzungen darauf, ob der Boden davor eben und rutschfrei ist, sodass das Pferd auch vertrauensvoll zutreten kann.

Schenkelweichen

Gestapelte Holzstämme am Waldweg, Hecken, Zäune und jedwede Art von natürlicher Begrenzung eignen sich auch hervorragend zum Schenkelweichen. Reiten Sie das Pferd gerade vor die Begrenzung. Verlagern Sie Ihr

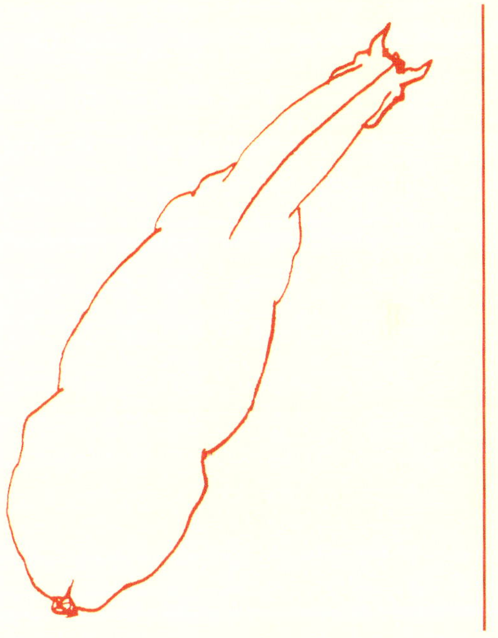

Beim Schenkelweichen soll das Pferd den seitwärts treibenden Schenkel kennen lernen. Es ist mit dem Kopf gegen die Bewegungsrichtung gestellt.

Gewicht in die gewünschte Richtung, zum Beispiel nach links (nicht in der Hüfte einknicken). Geben Sie leicht mit der linken Zügelhand in die Richtung nach, legen Sie den rechten Zügel an den Hals an. Nach vorne ist das Pferd durch das Hindernis begrenzt. Legen Sie den rechten Schenkel etwas zurück. Wenn das Pferd durch Ihre eigene Gewichtsverlagerung sein Gewicht ebenfalls nach links ausbalanciert, setzen Sie den rechten Schenkel ein, um das rechte Hinterbein zum Übertreten zu bewegen. Achten Sie darauf, dass das Pferd Schritt für Schritt weicht und nicht einfach wegrennt. Nach wenigen Schritten aufhören, dann das Ganze in die andere Richtung.

Viele Reiter neigen vor lauter Konzentration dazu, mit dem Oberkörper nach vorne zu fallen. Bleiben Sie aufrecht und tief im Sattel sitzen, damit das Pferd auch den verlagerten Schwerpunkt und ihre Gewichtshilfe spüren kann. Beim Vorbeugen kann es auch leicht passieren, dass das Pferd dies als rückwärts richtende Hilfe versteht und deswegen zurückgeht. Das darf auf gar keinen Fall passieren.

Wenn das Pferd selbst keine Ausbalancierversuche unternimmt, ist es für Sie unmöglich, die Hinterbeine zu bewegen. Nur das Bein kann mit den Schenkeln zum Untertreten animiert werden, auf dem kein Gewicht lagert!

Ein Weidezaun eignet sich hervorragend als Anlehnung und Begrenzung für stellende und biegende Übungen.

Anfangs kann es sein, dass das Pferd sich auf den Zügel legt. Vernachlässigen Sie diesen Aspekt, solange Sie sich nicht am Zügel festziehen, sondern leicht und spielerisch bleiben. Entscheidend ist die Seitwärtsbewegung. Je besser diese klappt, desto mehr Wert können Sie auf die korrekte Hals- und Kopfhaltung legen.

> ☞ **Tipp:**
>
> Machen Sie es sich und dem Pferd einfach, indem Sie das erste Mal in die Richtung weichen lassen, in der sich ein Pferdefreund, die Weide, der Stall oder für das Pferd ähnlich Anziehendes befindet.

> ☞ **Tipp:**
>
> Der Schenkel und die Gerte sind nur dann als treibende Hilfe wirkungsvoll, wenn sie in dem Moment eingesetzt werden, in dem das Pferd mit dem entsprechenden Bein abfußt. Gibt man den Impuls an dem tragenden Bein, kann das Pferd die Hilfe nicht umsetzen.

Vorhandwendung

Wenn Sie das nächste Mal zu dem Holzstapel oder Zaun kommen, probieren Sie einfach eine Vorhandwendung. Stellen Sie das Pferd wieder mit dem Kopf vor das Hindernis. Es sollte so stabil sein, dass das Pferd gar nicht erst auf die Idee kommt, darüber zu springen oder hindurchzugehen. Beginnen Sie mit einer halben Vorhandwendung nach links, indem Sie die rechte Hand leicht erhöhen und dem Pferd so im Hals den Impuls geben, sich nach rechts innen zu stellen. Die linke Hand begrenzt das Pferd im Vorwärts (was im Moment nicht nötig ist, da das Pferd vorne vom Hindernis gebremst wird) und im Seitwärts.

Auch ein Wall oder Knick gibt dem Pferd für die Vorhandwendung Begrenzung nach vorne. Das Pferd tritt mit der Hinterhand um seine Vorhand, die relativ fixiert steht.

Verlagern Sie Ihr Gewicht nur leicht nach innen, mit erhöhtem Druck auf dem inneren, linken Gesäßknochen, denn das Pferd soll ja nicht nach links weichen, sondern um die Vorhand herum. Der rechte Schenkel treibt am Gurt und animiert die Hinterhand überzutreten -bis das Pferd seitlich neben dem Holzstapel steht. Der linke Schenkel fängt die Bewegung des Pferdes auf. Auch diese Übung erarbeiten Sie Schritt für Schritt. Wenn die halbe Vorhandwendung klappt, nutzen Sie den Holzstapel als seitliche Begrenzung. Stellen Sie Ihr Pferd mit etwa 1 Meter Abstand neben dem Hindernis auf und geben Sie die oben beschriebenen Hilfen. Wenn das Pferd in genau entgegengesetzter Richtung stehen bleibt, ist es vollbracht. Auch hierbei müssen Sie darauf achten, dass Sie selbst nicht nach vorne fallen und das Pferd so zum Rückwärtstreten animieren. Denn bei der ganzen Vorhandwendung fehlt Ihnen zu Beginn der Lektion die vordere Begrenzung und das Pferd kann sehr wohl nach vorne ausweichen. Je schneller und feiner Sie bereits auf die kleinsten Anzeichen dafür reagieren, desto harmonischer wird die Lektion.

Bei der Hinterhandwendung tritt die Vorhand um die Hinterhand. Das Pferd ist in Bewegungsrichtung gestellt.

Hinterhandwendung

Im Prinzip reiten Sie sie genauso, nur dass das Pferd jetzt die Vorhand um die Hinterhand bewegen soll, während das innere Hinterbein stehen bleibt beziehungsweise beide Hinterbeine einen kleineren Kreis beschreiben. Hierbei ist es leichter, wenn Sie das Pferd mit dem Hinterteil zur Begrenzung stellen, da Pferde leicht zum Rückwärtsgehen neigen. Die Zügel geben die Richtung vor, wobei Sie jetzt auch eine Pferdebewegung nach vorne unterbinden müssen. Die Reiterschultern sind parallel zur Pferdeschulter, Gewichtsverlagerung nach links, mit belastetem linken Gesäßknochen. Machen Sie sich im Sitz ruhig etwas schwerer, damit das Pferd die Vorderbeine frei hat, die sich ja überkreuzen müssen. Der rechte Schenkel treibt etwas vorn angelegt die rechte Schulter herum, der linke Schenkel hält das Hinterbein in seiner Position.

Tempoveränderungen

Eine der effektivsten Übungen sowohl für die Durchlässigkeit, Konzentration und Mobilisierung von trägeren Pferden, als auch für die Versammlung sind kurz hintereinander gerittene Übergänge auf gerader Linie. Übergänge kann man in fast jedem Gelände üben, sogar oder gerade auf solchen Strecken, die immer wieder von tiefen Matschlöchern unterbrochen sind, wo also gar keine langen Tempostrecken möglich sind.

Tempoveränderungen beziehen sich nicht nur auf eine Änderung von einer Gangart in die nächsthöhere oder entsprechend langsamere, sondern auch innerhalb einer Gangart.

Schritt

Nehmen Sie das Pferd von einem normalen, vom Pferderahmen her etwas lang gezogenen Schritt vermehrt in die Anlehnung auf. Setzen Sie dazu erst die treibenden Hilfen wie Kreuz und den wechselseitig angeschmiegten Schenkel ein und treiben das Pferd so in den langsam verkürzten Zügel. Es sollte bei richtig angewandten Hilfen deutlich im Genick nachgeben und gleichzeitig den Rücken aufwölben, sodass Sie kaum noch etwas in der Hand haben. Das hält manchmal nur für wenige Sekunden. Nicht verzagen: Noch einmal den treibenden Impuls verstärken und mit der sanft stehenden Hand das Pferd erneut zum Abstoßen motivieren. Beim Reiten muss man sich sekündlich neu ausrichten, neu arrangieren. Je besser das Pferd trainiert ist, desto leichter fällt ihm die sanfte Anlehnung.

☞ Tipp:

Ein deftiges Lümmeln auf die Reiterhand müssen Sie von Anfang an unterbinden, entweder durch wechselseitige Paraden, die dem Pferd keine Ruhe zum Auf-die-Hand-Legen geben – aber bitte nicht brutal riegeln! –, oder durch leichtes Vibrieren der Finger. Führen Sie viele biegende Lektionen aus, bei denen es dem Pferd schwer fällt, sich auf die Vorhand zu legen. Wenn gar nichts hilft, überprüfen Sie das Sattelzeug, ob es wirklich passt oder ob das Pferd die Reiterhand braucht, um überhaupt sein Gleichgewicht zu halten. Nur wenn anatomisch und vom Equipment her alles stimmt, können wir von dem Pferd eine leichte Anlehnung und Aufwölbung im Rücken verlangen!

Aus diesem leicht versammelten Schritt heraus treiben Sie das Pferd mit noch einmal verstärkt treibenden Hilfen – hauptsächlich mit mehr Spannung in Bauch und unterem Rücken und den wechselseitig vorschiebenden Gesäßknochen – zu mehr Raumgriff und auch Tempo im Schritt an. Das ist anstrengend und viele Pferde flüchten sich schnell in den Trab. Dann heißt es sanft durchparieren und die Übung von vorne beginnen. Anfangs ist die Schrittverstärkung vielleicht nur sehr gering, aber auch das bessert sich mit der Übung. Wechseln Sie immer wieder von stark

Aus einem gesetzten, versammelten Gang wie hier dem seitwärts, schicken Sie das Pferd ...

... bei der Tempoverstärkung in eine gedehntere Haltung mit mehr Tempo und Schwung nach vorne.

auf langsam und wieder stark. Bald versteht der Vierbeiner, was Sie von ihm wollen, und Sie können mit den Hilfen immer feiner werden. Zum Langsamerwerden reicht eine Reduzierung oder das Weglassen der treibenden Hilfen bei gleichzeitiger Aufrichtung im Oberkörper. Wenn das richtige Tempo erreicht ist, entspannen Sie wieder alles und geben dann von neuem die treibenden Kreuz- und Schenkelhilfen.

Trab

Die Trabverstärkung können Sie zum einen aus dem Leichttraben heraus machen. Dann entwickeln Sie allerdings mehr Schwung als Schub, da Ihnen die Kreuzhilfen zum Untersetzen der Hinterhand fehlen. Sie haben ja nur den kurzen eingesessenen Moment, um dem Pferd mehr Schub aus der Hinterhand zu vermitteln. Hiermit können Sie wunderbar die Tempounterschiede innerhalb einer Gangart dazu nutzen, das Pferd vermehrt zum Vorwärts-Abwärts zu motivieren, ohne dass es Ihnen wegläuft. Geben Sie mit dem Zügel so weit nach, bis die Nase fast auf dem Boden scheint. Dann langsam wieder aufnehmen, ohne das Tempo zu reduzieren.

Ausgesessen gelten die gleichen Hilfen wie im Schritt. Da es wesentlich anstrengender ist, die Wurfbewegung im Trab auszusitzen, besteht leicht die Gefahr, dass man sich vor Anstrengung in Rücken, Schulter und damit in der Hand festmacht. Bevor das passiert, reduzieren Sie entweder das Trabtempo so weit, wie Sie angenehm sitzen können, oder gehen Sie zum Leichttraben über.

Für manche Pferde ist es auch nur sehr schwer möglich, die Selbsthaltung in einem schnelleren Tempo noch mit Leichtigkeit halten zu können (zum Beispiel dickhalsige Ponyrassen). Sie werden immer schwerer in der Hand. Statt nun mit Kilos in den Armen zu reiten, reduzieren Sie auch hier das Tempo und gehen Sie zu Lektionen über, die das Pferd noch mehr auf die Hinterhand setzen, wie Seitengänge, Übergänge, Antraben aus dem Rückwärtstreten und Ähnliches.

Galopp

Voraussetzung für eine Galopparbeit im Gelände ist die Regulierbarkeit des Pferdes im Galopp.

Für viele Pferde ist er gerade im Gelände immer noch das Signal zum wilden Davonstürmen. Das darf nicht sein! Wenn Sie so ein Pferd unter dem Sattel haben, dann fällt diese Gangart vorläufig so lange weg, bis es insgesamt durchlässiger geworden ist. Fangen Sie

Alle Übungen im Galopp sollten Sie nur dann im freien Gelände reiten, wenn das Pferd sich auch in dieser Gangart kontrollieren lässt.

dann an Aufwärts-Strecken oder in schwerem Boden mit kurzen Reprisen an, oder galoppieren Sie Ihr Pferd erst kurz vor Ende des Weges an, damit nicht genügend Strecke zum Tempomachen vorhanden ist. Nehmen Sie nur gut kontrollierte Mitreiter mit ins Gelände, die ihr Pferd im Galopp halten können und unter Umständen sogar anhalten und zurückbleiben, wenn Ihr Pferd es mal wieder zu eilig hat. Dann entfällt der gemeinsame Fluchtgedanke, an dem sich viele Pferde noch aufstacheln. Überhaupt sollte man mit so heißen Tieren den Galopp in großen Gruppen und nebeneinander übers Feld meiden.

Achten Sie vor allem im Galopp auf eine gute Bodenqualität. Vorsicht vor Kaninchenlöchern und großen Steinen auf unbekannten Feldern oder Wiesen.

Wenn Sie Ihr Pferd auch im Galopp kontrollieren können, gilt hier dasselbe wie für Schritt und Trab. Sie können die Übung entweder wieder im leichten Sitz machen, dann geht es um die Lösung und das Aufschwingen des Rückens, oder aber versammelter Galopp ausgesessen. Es fällt einigen Pferden allerdings schwer, wenn Sie vom leichten Sitz innerhalb derselben Galoppstrecke einsitzen. Gerade jüngere Pferde neigen dann dazu, den Rücken wegzudrücken und schwer in der Hand zu werden. Entscheiden Sie sich in dem Fall von vornherein welchen Galopp Sie wollen.

Tempounterschiede im Galopp haben eine extrem gymnastizierende Wirkung. Variieren Sie vom langsamen, möglichst getragenen Galopp, bis hin zum weit ausschreitenden Galopp, bei dem sich das Pferd richtig strecken kann.

Matschstrecken

Nutzen Sie die Zwangsunterbrechungen, um Ihr Pferd bereits wenige Schritte vorher durchzuparieren. Man muss nicht genervt die ganze Strecke im Schritt hinlatschen, sondern kann die wenigen trockenen Meter zum Antraben oder bei sehr durchlässigen Pferden sogar zum Angaloppieren nutzen. Achten Sie darauf, dass Ihre Hilfengebung immer feiner wird. Anfangs reagiert das Pferd vielleicht auf das Matschloch als optische Parade. Im Laufe der Zeit sollte es immer mehr auf Sie hören. Andersherum nutzen Sie Matschlöcher, um den Gehorsam des Pferdes abzufragen. Wenn Sie normalerweise solche Löcher umreiten, suchen Sie sich ein nicht ganz so tiefes, aber doch genügend großes aus, um das Pferd ganz bewusst hindurchzureiten. Achtung: Das kann Zeit in Anspruch nehmen. Am besten ist das Matschloch seitlich noch durch einen Wall oder Ähnliches begrenzt, sodass das Pferd nicht so leicht seitlich ausweichen kann. Reiten Sie Ihr Pferd vor das Matschhindernis. Lassen Sie es ruhig davor stehen. Dann fordern Sie es mit leichtem Schenkeldruck und Gewichtshilfen auf hindurchzugehen. Je schneller Ihre Reaktionen jetzt sind, desto weniger hart müssen Sie sein. Reagieren Sie blitzschnell auf Ausweichversuche, indem Sie den entsprechenden Zügel annehmen und das dazugehörige Bein anlegen. Weicht das Tier nach links aus, rechten Zügel und linkes Bein aktivieren. Das Pferd wird zwischen Zügel und Schenkel geführt. Macht das Tier einen Schritt vorwärts, lassen Sie sofort allen Druck nach. Ihre Hilfen (nicht Zwangsmittel) dürfen dem Pferd nur einen Weg aus dem Problem heraus offen lassen

Einige Pferde lieben es, durch Bäche und in Seen zu planschen. Man kann Gewässer sogar gymnastizierend einsetzen.

und der führt durch den Matsch. Deswegen muss jede auch nur gedachte Reaktion des Pferdes in die richtige Richtung mit völliger Entspannung Ihrerseits belohnt werden. Wichtig sind ganz viel Lob und Ruhe, wenn das Pferd durch den Matsch läuft. Manche finden ein Leckerli mitten drin auch sehr unterstützend.

Achtung: Einige Pferde neigen zu Kamikazesprüngen, wenn sie spüren, dass ein Ausweichen unumgänglich ist. Strafen Sie dann nicht, sondern suchen Sie sich nächstes Mal ein Loch aus, das zum Überspringen zu groß ist.

☞ **Tipp:**

Trägt Ihr Pferd Eisen, wählen Sie lieber Wasserpfützen. In festem, morastigem Matsch lösen sich Hufeisen mit Vorliebe – ein teures Vergnügen!

Wasserhindernisse

Viele Pferde haben Angst vor Pfützen, Bächen und Seen. Nun kann man versuchen, sie ein Leben lang zu umreiten, was das Reiterleben sehr kompliziert macht. Besser ist es – wenn auch nicht einfach –, dem Pferd diese Angst zu nehmen. Der beste Helfer dafür ist ein zweites Pferd, das ohne Probleme solche Hindernisse überwältigt, leidenschaftlich gerne in Seen planscht, vielleicht sogar schwimmt und ohne zu zucken durch jede Pfütze watet. Der Nachahmungseffekt für die Pferde ist enorm, reicht aber nicht als alleiniges Allheilmittel aus, sondern nur als Unterstützung. Wasserhindernisse müssen mit viel Ruhe, Geduld und dem Glauben an ein Gelingen angegangen werden. Bleiben Sie anfangs nur so nah davor stehen, wie Ihr Pferd es aushält. Entspannen Sie sich und vermitteln Sie Ihrem Pferd ein angenehmes Gefühl. Verringern Sie jetzt peu à peu den Abstand, indem Sie immer einen Schritt mehr fordern – aber nicht auf demselben Ausritt, sondern im Laufe der Zeit. Lassen Sie keinen Rükkschritt zu. Im Zweifel müssen Sie absteigen und Ihr Pferd heran- und später hineinführen. Geben Sie Ihrem Pferd Vertrauen und Zuversicht. Beim ersten Schritt in das Wasser loben Sie es überschwänglich und lassen es gut sein. Fordern Sie dann immer einen Schritt mehr und loben Sie, gerne auch mit Leckerli. Zeigen Sie Ihrem Pferd, dass Sie stolz sind. Nutzen Sie nicht jedes Wasserloch, jeden Graben oder Bach, sondern lassen Sie auch mal ein paar Tage dieses Training aus, sonst bekommt Ihr Pferd noch einen Wassertick.

Übergänge auf geraden Strecken

Jeder hat in seinem Gelände bestimmte Strecken, die immer im selben Tempo geritten werden: bergauf im rasanten Galopp oder die schöne Sandstrecke zum Losstürmen. Auch die Pferde kennen sie und legen schon von alleine los. Und hier setzt der Aha-Effekt an: Heute wird die Galoppstrecke mal im Schritt gegangen oder im Trab. Der lange Sandweg wird im Tempo immer wieder unterbrochen. Ziel soll es sein, den Automatismus zu unterbrechen und stattdessen das Hirn einzuschalten. Das Pferd muss hinhören lernen.

Gerade, ebene Strecken eignen sich nicht nur wunderbar zum Galoppieren, sondern vor allem auch für versammelnde Übungen zur Durchlässigkeit. Nutzen Sie diese Bodenverhältnisse, um Ihr Pferd auf das Tempo und nicht auf den Weg zu konzentrieren. Versammeln Sie Ihr Pferd mit treibenden Hilfen von hinten nach vorne (nicht die Schenkel zumachen und klammern, sondern „anreiben“). Reiten Sie eine kurze Strecke (10 bis 20 Meter) langsamen Trab. Parieren Sie dann wenn möglich nur mit der Sitzhilfe nach vorbereitender Parade durch zum fleißigen Schritt, in dem das Pferd nicht auseinander fällt. Nach vier, fünf Tritten wieder antraben, und wieder so wenig Hilfe wie möglich geben. Sie werden feststellen, dass das Pferd immer feiner hinhört, sich immer besser versammeln lässt. Wichtig ist, dass Sie selbst während dieser Übung Ihre Körperspannung erhalten, denn sonst reiten Sie das Pferd nur über die Hand und nicht über den Sitz.

Bäume, Steine, Masten können als Anhaltspunkt für Übergänge und zum Anhalten genommen werden. Achten Sie beim Halten auf eine geschlossene Beinstellung wie hier.

Hängen Sie an so eine anstrengende Strecke einen entspannten Trab oder Galopp am langen Zügel oder eine längere Schrittphase. Die Übergänge sollten Sie langsam steigern, anfangs nur zwei, drei und auch am Ende nicht mehr als zehn hintereinander ohne Pause reiten.

Wenn Ihr Pferd bereits recht durchlässig ist und sich leicht im Galopp durchparieren lässt, können Sie natürlich zwischen allen Tempi variieren: Schritt-Trab-Schritt, Stand-Trab-Stand, Schritt-Galopp-Schritt, Trab-Galopp-Trab, Stand-Galopp-Stand. Achten Sie wirklich auf die Leichtigkeit der Ausführung und darauf, dass das Pferd auch nach dem Übergang flüssig vorwärts geht und nicht auseinander fällt oder latscht.

Punktgenaues Reiten

Um zu überprüfen, wie lange es dauert, bis das Pferd eine Hilfe ausführt, ist das Schritte-Zählen eine Superübung. Nehmen Sie sich vor, nach genau zehn Schritten anzuhalten. Nicht nach acht und nicht nach elf. Das ist gar nicht so leicht. Manchen Pferden muss man bereits beim fünften Schritt die Parade geben, damit sie bei zehn endlich stehen. Bei anderen reicht ein Ausatmen bei Schritt neun. Finden Sie für sich selbst raus, wie es bei Ihnen und Ihrem Pferd geht. Überprüfen Sie, was Sie verbessern können. Mit dieser Übung können Sie vor allem auch kontrollieren, ob sich die Durchlässigkeit Ihres Pferdes verbessert hat. Bekommen Sie ein ungestümes Pferd anfangs erst bei zehn zum Stehen, wenn Sie bereits bei drei anfangen mit den Paraden, reicht wenig später sechs aus. Und irgendwann klappt es bei zehn ... Das ist eine Übung, die man auch wunderbar in der Gruppe neben- oder hintereinander reiten kann.

Rückwärtsrichten

Dasselbe funktioniert wunderbar beim Rückwärtsrichten:

Nehmen Sie sich auch hier eine genaue Schrittanzahl vor und überprüfen Sie Ihre Hilfengebung auf Genauigkeit und Deutlichkeit. Beim Rükkwärtsrichten sollten Sie von Anfang an darauf achten, dass Ihr Pferd gerade zurücktritt und nicht unter Ihnen davoneilt, egal wie schräg. Diese Lektion setzt das Pferd auf die Hinterhand wie kaum eine andere. Aber sie muss richtig ausgeführt sein. Deswegen ist es so wichtig, das Pferd dabei gut zwischen den Schenkeln zu führen und ein eventuelles Ausbrechen der Hinterhand zu einer Seite sofort im Ansatz zu korrigieren. Als Hilfe leiten Sie die Lektion mit einer halben Parade ein, lassen die Hand so stehen, dass das Pferd nicht nach vorne kann – aber bitte nicht nach rückwärts ziehen! Schließen Sie den Schenkel wie zum Antreten und entlasten Sie ganz leicht den Rükken des Pferdes. Entweder reicht ein kurzes Abkippen des Beckens, oder Sie müssen noch deutlich mit dem Oberkörper vorgehen. Das Pferd lernt auch hier: Vorne ist zu, links und rechts auch – also ab nach hinten. Erarbeiten Sie diese Übung langsam, Schritt für Schritt.

Second Fire tritt mit einer wunderbar gesetzten Hinterhand Schritt für Schritt rückwärts. So soll es sein.

Später kann man Halt-Rückwärts-Trab-Übergänge wunderbar zum Gymnastizieren nutzen. Vom Rückwärtsrichten mehrerer Pferdelängen als Strafe würde ich abraten. Es kann auch Steiger erziehen. Zwei, drei Gehorsamsschritte reichen oft aus. Alles andere wird meist viel zu hektisch, damit uneffektiv und nur stressig. Unter Stress gibt es keinen Lerneffekt.

Man kann jeden rutschfesten Hang oder Hügel zum Bergab-reiten nutzen. Bitte dabei nicht zu weit nach hinten lehnen! Das könnte das Pferd aus seiner Balance bringen.

Bergauf und bergab

Es gibt kaum einen größeren gymnastizierenden Effekt, als bergauf und bergab zu reiten. Allerdings kommt es auf das Tempo an. Einen Berghang im forschen Schritt hochzugehen bringt für die Muskel- und Konditionsbildung mehr, als ihn im gestreckten Galopp hochzujagen (auch wenn Letzteres mehr Spaß macht und immer mal drin sein sollte).

Stellen Sie sich zum Bergaufreiten in die Steigbügel, geben Sie die Zügelhand vor, sodass das Pferd den Hals frei hat. Belasten Sie aber nicht zu sehr die Vorhand, sondern versuchen Sie sich selbst gut mittig auszubalancieren, so, dass Sie mit dem Schenkeln immer noch leicht treibend einwirken können, ohne zu klammern.

Beim Bergabreiten stellen Sie sich wieder leicht in die Bügel, knicken in den Hüften ein und strecken den Po nach hinten raus. So entlasten Sie das Pferd in der Vorhand und geben ihm den größtmöglichen Spielraum, sich selbst auszubalancieren. Die Zügelhand sollte nur minimal anstehen, um das Pferd vom Übereilen abzuhalten und bei einem eventuellen Stolperschritt aufzufangen. Bergab sollte immer langsam im Schritt geritten werden und niemals schräg zum Hang, sondern immer gerade hinunter.

Rückwärts im leichten Bergauf – für das Pferd eine sehr anstrengende Übung

☞ **Tipp:**

Für junge, eilige Pferde, die im Gelände noch Greenhorns sind, eignen sich leichte Bergaufstrecken hervorragend für den ersten Galopp. Die Steigung verhindert eine Beschleunigung, da die meisten Tiere genug mit der Bewältigung der Steigung zu tun haben. Sie lassen sich also leichter im Tempo regulieren als auf einer schnurgeraden, ebenen Strecke, die vor allem junge Tiere oft zum Durchgehen animiert.

Rückwärts bergauf

Eine extrem gymnastizierende Übung, die Sie aber nur sehr wohl dosiert reiten dürfen, ist rückwärts bergauf. Bei keiner anderen Übung muss das Pferd die Hanken so sehr biegen wie hierbei. Deswegen darf man es nur Schritt für Schritt abfragen, muss die Anzahl der Schritte langsam steigern und sehr darauf achten, das Pferd nicht sauer zu machen.

Viele Tiere, vor allem junge Pferde, versuchen seitlich auszubrechen. Verhindern Sie das mit denselben Hilfen wie beim Matschloch. Bricht es links aus, korrigiert der rechte Zügel mit Zug und der linke

Schenkel mit Druck. Geben Sie mit Ihrem eigenen Gesäß deutlich nach, damit das Pferd Platz hat, die Beine zu setzen. Beim ersten Mal muss ein Schritt genügen. Später sollten es nicht mehr als sechs, sieben sein. Gut ist es, wenn die Bergaufstrecke vielleicht noch einen Wall hat, sodass das Pferd kaum ausweichen kann.

Mit Freude und Leichtigkeit nutzen Svea und Secci kleine Hindernisse im Gelände.

Hindernisse nutzen

Im Gelände gibt es immer mal wieder umgefallene Bäume oder auch größere Äste, die mehr oder weniger passend im Weg liegen. Viele nutzen diese gleich für kleine Natursprünge. Je größer die Baumstämme und je matschiger der Boden, desto größer ist allerdings auch das Verletzungsrisiko.

Statt Stämme und Äste zu überspringen, nutze ich sie eher, um das Pferd darüber steigen zu lassen. Dafür dürfen sie natürlich nicht zu hoch sein.

Ich reite das Pferd mittig auf den Stamm zu und lasse es ganz hinüber treten. Oder ich variiere die Übung, indem es so stehen bleiben muss, dass der Stamm zwischen Vorder- und Hinterhand liegen bleibt. Großes Lob. Dann wird auch die Hinterhand hinübergeritten. Wenn es sich nur um dickere Äste handelt, lasse ich das Pferd auch gerne Bein für Bein rübertreten. Linkes Vorderbein. Halt. Rechtes Vorderbein. Halt. Linkes Hinterbein. Halt. Rechtes Hinterbein. Ich gebe die Parade so rechtzeitig (wenn das entsprechende Bein, das übertreten soll, bereits abfußt), damit das Pferd nicht zu viel Schwung nehmen kann. Eine Superübung, um wieder die punktgenaue Hilfengebung zu überprüfen!

Liegt ein langer, nicht zu dicker Ast oder Stamm auf einer ebenen Strecke, nutze ich ihn auch gerne, um mein Pferd seitwärts darüber treten zu lassen. Ich lasse es erst mit den Vorderbeinen hinübertreten und gebe dann die Hilfen zum Schenkelweichen (siehe Abschnitt über das Schenkelweichen vor Begrenzungen). Anfangs sind die Pferde verwirrt, weil sie ja wissen, dass etwas zwischen ihren Beinen unter dem Bauch liegt, und wollen ausweichen. Wenn man die Übung aber wieder langsam und Schritt für Schritt macht, kommt Ruhe und Disziplin hinein. Das kann man auch schön üben, indem man sich so eine Naturstange zu einer Begrenzung trägt und sie parallel zum Hindernis legt. Das Pferd wird mit dem Kopf Richtung Begrenzung gestellt und die seitwärts treibenden Hilfen werden wie beschrieben gegeben.

> ☞ **Tipp:**
>
> Alles, was dem Pferd eine Übung verständlicher macht, ist legitim, wenn es dazu führt, dass man die Hilfen feiner dosieren kann. Wenn ich eine Übung so schwierig gestalte, dass ich massive Hilfen (vor allem Zügelhilfen) einsetzen muss, kann es eher kontraproduktiv sein. Das Pferd wird maulsauer und verliert die Lust. Also immer mit Köpfchen trainieren.

Sehr gymnastizierend kann es auch sein, wenn man durch einen übersichtlichen „Ast-Salat“ reitet, bei dem das Pferd die Beine genau setzen muss. So etwas findet man aber selten in einer sicheren Ausführung im Gelände, denn das Pferd darf nicht darin hängen blei-

Beim „Ast-Salat“ sollte man dem Pferd genügend Führung mit der Hand geben, damit es nicht ins Straucheln gerät.

☞ **Tipp:**

Achtung bitte auch bei Wallachen und Hengsten, wenn Sie über Äste und Büsche reiten: Schon so manches Mal haben sich Äste im Schlauch verfangen, was zu bösen Verletzungen geführt hat.

Reiten in der Gruppe

5

Kann auch mal ganz schön sein: locker tratschend ins Gelände zu gehen. Die Pferde dienen heute nur zur Fortbewegung – ohne gymnastizierenden Effekt.

ben oder sich durch spitze Äste verletzen. Den meisten Reitern macht es Spaß, in der Gruppe auszureiten. Sie haben mehr Unterhaltung und fühlen sich sicherer, zumal sich auch viele Pferde in Gesellschaft wohler fühlen. So nett die Ablenkung für die Reiter sein mag, birgt sie auch die Gefahr, dass bei so einem mobilen Kaffeeklatsch die Pferde als reine Lastenträger und Transportmittel dahinlatschen, wenn nicht sogar missbraucht werden (Letzteres, wenn nur diese Art der Reiterei stattfindet, da diese Pferde niemals gymnastiziert werden). Dabei kann man gerade in der Gruppe nette Aufgaben reiten, die die Konzentration für Pferd und Reiter fördern und vor allem die Gymnastizierung und Durchlässigkeit.

Vom Ende der Gruppe bis an die Spitze reiten – eine schöne Übung in jeder Gangart.

Bei dieser Übung sollten Sie die Abstände etwas größer wählen – es sei denn, die Pferde kennen und verstehen sich.

Positionen wechseln

Folgende Sätze kennen Sie doch auch: „Goldi muss vorne gehen, weil sie sich hinten so aufregt", oder: „Max kann nur als Letzter gehen, weil er vorne immer durchgeht." Wenn man immer auf die Vorlieben seiner Pferde Rücksicht nimmt, macht man sich zu ihrem Sklaven. Und wehe, äußere Umstände zwingen einen zu einer Umstellung! Doch Positionswechsel kann man in der Gruppe wunderbar üben. Fangen Sie in kleinen, langsamen Schritten an und steigern Sie den Schwierigkeitsgrad erst, wenn die vorherige Übung wirklich klappt.

Reiten Sie mit den Pferden in einer Reihe hintereinander auf einem geraden, breiten Weg. Halten Sie die Gruppe an. Jetzt reitet der letzte Reiter im Schritt mit seitlichem Abstand an der Abteilung vorbei und setzt sich an die Spitze. Können Pferde nicht stehen bleiben, steigen deren Reiter bei dieser Übung ab und führen sie am Zügel. Wer in der Lage ist, innerhalb einer Gangart das Tempo deutlich zu regulieren, kann diese Übung auch durchgängig im Schritt oder später im Trab reiten. Die Abteilung geht langsamen Schritt beziehungsweise Trab, während der aktive Reiter im starken Schritt oder Trab überholt.

Klappt diese Übung im Stand-Schritt und Schritt-Schritt, gehen Sie zu Schritt-Trab über. Erst wenn Sie ganz sicher sind, die Pferde alle unter Kontrolle halten zu können, steigern Sie auch auf Trab-Galopp oder sogar langsamen und starken Galopp. Ein von hinten angaloppierendes Pferd löst in der restlichen Herde automatisch einen Fluchtreflex aus. Und es gilt ja gerade, diesen zu unterbinden und als Reiter die Kontrolle zu übernehmen. Wenn Sie diese Übung zu früh reiten und die ganze Gruppe losgaloppiert, haben Sie einen Rückschritt gemacht und müssen noch einmal ganz von vorne anfangen.

> ☞ **Tipp:**
>
> Klappt die Übung in einer Reihe, können Sie den Schwierigkeitsgrad steigern, indem Sie in Schlangenlinien durch die Pferdereihe durchreiten. Dazu müssen sich aber alle Pferde kennen und mögen und der Abstand muss vor allem auch seitlich groß genug sein, um das Pferd biegen zu können. Wichtig: Nicht vergessen, die Hilfen zum Biegen deutlich zu geben. Die begleitenden Pferde übernehmen praktisch die Aufgabe von Bäumen – nur dass sie sich mitbewegen.

Stillstehen

Jedes Pferd muss im Gelände stillstehen können, was vielen sehr schwer fällt. Beginnen Sie mit wenigen Augenblicken. Wichtig dabei ist, dass Sie selbst ruhig sitzen und nicht verkrampfen und dem Pferd damit unbewusst Signale zum Losstürmen geben. Bleiben Sie umso ruhiger, je nervöser Ihr Pferd werden sollte. Zählen Sie bis drei und achten Sie darauf, dass Ihr Pferd erst dann antritt, nachdem Sie die Hilfe dazu gegeben haben. Großes Lob. Langsam können Sie die Zeit des Stehens steigern. Hilfreich ist auch hierbei ein ruhiges Pferd an der Seite, das die Übung beherrscht.

Sieht mal wieder so einfach aus und ist doch so schwer, vor allem für Jungpferde: das Stillstehen.

Wenn Ihr Pferd sich richtig aufregt, Kreiseln Sie. Nehmen Sie dazu beherzt einen Zügel ganz kurz bis zu Ihrem Knie an, sodass die Pferdenase zu Ihrem Unterschenkel oder Knie kommt; halten Sie dabei die Hand nicht zu hoch, sonst kann das Pferd regelrecht über die Schulter fallen. Der andere Zügel ist unbedingt ganz

> ☞ **Tipp:**
>
> Wenn Sie auf jedem Ausritt mehrmals kreiseln müssen, ohne dass eine Besserung in Sicht ist, üben Sie das Stillstehen in der Bahn alleine und nehmen Sie professionelle Hilfe dazu.

Ruhig und gesittet den ganzen Ausritt in allen Tempi neben- und hintereinander im Gruppenverband zu gehen braucht viel Disziplin und auch Können.

„Bonanza"- und höchstes Glücksgefühl in einem: über ein sonniges Stoppelfeld nebeneinander in allen Gangarten. Wow!

loszulassen. Die Tiere werden einige Male um die eigene Achse kreiseln und schließlich stehen bleiben. Zügel loslassen, Pferd loben. Wenn es gleich wieder losstürmen will, Zügel zur anderen Seite annehmen.

Das ist auch eine wunderbare Notbremse für Durchgänger, wenn man sie rechtzeitig genug einsetzt, nämlich bevor das Pferd richtig Fahrt aufgenommen hat.

Nebeneinander reiten

Viele Pferde hassen es, neben bestimmten Kollegen gehen zu müssen. Trainieren Sie gerade das. Denn sobald ein Reiter auf dem Pferd sitzt, hat das Tier sich dem Wunsch des Reiters anzupassen. Verringern Sie peu à peu den seitlichen Abstand. Reagieren Sie bereits auf die angelegten Ohren mit einer mahnenden Stimme. Seien Sie mit dem äußeren Zügel und dem inneren Schenkel besonders aufmerksam und korrigieren Sie bereits kleinste Angriffsversuche. Nützlich ist auch eine innen geführte Gerte. Sobald die Tiere einigermaßen friedvoll nebeneinander gehen, werden beide großartig gelobt. Das Nebeneinander soll für sie so zu einem angenehmen Erlebnis werden. Auch hier nicht gleich übertreiben und stundenlang nebeneinander reiten, sondern den Zeitraum langsam steigern.

Wenn das mit zwei Pferden gut klappt, kann man es wunderbar auch mit mehreren in einer Reihe nebeneinander versuchen – ein berauschendes Gefühl, wenn fünf, sechs Pferde nebeneinander im langsamen Galopp über ein Stoppelfeld gehen können! Fangen Sie auch hier im langsamen Tempo an und

Wenn man Tempounterschiede in Reihe reiten will, sollten die Pferde schon sehr ähnlich vom Gangwerk, dem Tempo und der Durchlässigkeit sein.

nehmen Sie immer Rücksicht auf das schwächste Pferd. Sollten die Tempounterschiede zu groß sein, sodass ein Pferd zu sehr zurückgenommen werden muss, verzichten Sie auf diese Übung über längere Strecken. Denn all diese kleinen Aufgaben sollen Ihnen das Leben mit dem Pferd erleichtern, verbessern und nicht verschlechtern. Eine Steigerung ist noch das Einhändigreiten nebeneinander. Mit einer Hand fassen sich die Reiter an, die andere hält beide Zügel. Das geht natürlich nur zu zweit, es sei denn, es sind wahre Crack darunter, die ihre Pferde ohne Zügel reiten können. Bei dieser Übung muss das Pferd bereits sehr durchlässig sein und gut auf die Reiterhilfen reagieren. Ebenfalls eine schöne Übung nebeneinander sind die kurz hintereinander gerittenen Tempounterschiede. Auch dafür muss der Weg breit genug sein.

Suchen Sie sich einen Partner, dessen Pferd ungefähr die gleiche Schrittlänge hat, und machen Sie auf gerader Strecke mit halben und ganzen Paraden sowie der Sitzhilfe nach wenigen Trab-Schritten einen Tempowechsel. Zügig voran und wieder antraben. Nach knapp 10 Metern wieder zum Schritt durchparieren (siehe Abschnitt Tempoveränderungen). Diese Übung eignet sich weniger zum Hintereinanderreiten, da manche Pferde weniger durchlässig sind und einen längeren „Bremsweg" haben und sonst dem Mitreiter zu sehr hinten aufreiten würden.

Abgezählte Schritte

Einen besonderen Reiz hat diese Übung, die bereits weiter vorne beschrieben wurde, wenn man sie in der Gruppe reitet. Anfangs macht man sie nebeneinander, dabei werden schwächere Pferde durch den Nachahmungseffekt von besonders punktgenau gerittenen Pferden unterstützt. Später kann man die Übung auch hintereinander reiten. Je undurchlässiger und jünger die Pferde sind, desto höher sollte die Schrittanzahl sein, die Sie vorgeben. So haben alle genügend Zeit, mit ihren Paraden und Hilfen durchzukommen

Wenn man die Formation versetzt nebeneinander und hintereinander wählt, hat man auch bei den abgezählten Schritten mehr individuellen Freiraum.

Kleber

Fast jedes Pferd hat mehr oder weniger die Tendenz dazu, sich an die Pferdekollegen zu hängen und zu kleben. Das liegt schlicht in seiner Natur als Herdentier. Nur im Herdenverband hat das Pferd die Garantie auf Sicherheit, auf Überleben. Diesen Urinstinkt bewahren sich die Tiere natürlich auch unter dem Sattel. Einzige Chance ist, wenn wir als Reiter dem Pferd gegenüber so viel Kompetenz und Vertrauen vermitteln können, dass es uns als Herdenmitglied akzeptiert und sich sicher fühlt.

Für Kleber gibt es in der Gruppe wunderschöne Übungen, um das wegzureiten.

Bleiben Sie als Gruppe stehen. Jetzt geht erst das sichere Pferd eine bestimmte Strecke (vielleicht 20 Meter) weg und bleibt dort stehen. Das nächste Pferd folgt, und so weiter. Als letztes sollte ebenfalls wieder ein sicheres Pferd gehen, da es sonst Panik bekommen könnte, wenn alle anderen in der anderen Gruppe sind.

Als Steigerung wird beim übernächsten Mal das schwächere Pferd als erstes von der Gruppe weggeritten und die anderen kommen dann nach. Für eine noch bessere Kontrolle wird schließlich das klebende Pferd von der Gruppe weggeritten und auch wieder zurück, ohne im Tempo schneller zu werden.

Als Nächstes trabt man das Pferd von der Gruppe weg und reitet im Schritt zurück. Als Steigerung: Galopp von der Gruppe weg, im Schritt zurück. Wichtig: niemals im Galopp zur Gruppe zurück!

Bei all diesen Übungen rund um das Kleben müssen Sie das Pferd immer ruhig zwischen Ihren Schenkeln und Händen führen. Sie sollten einerseits einen entspannten Eindruck machen, aber auch jederzeit bereit sein, mit einer korrigierenden Hilfe das Pferd auf dem Weg zu halten. Manche Pferde neigen bei der Übung dazu, durch eine Kurzkehrtwendung, die einem Rollback alle Ehre machte, einfach zurückzulaufen. Darauf müssen Sie vorbereitet sein, ohne zu verkrampfen. Immer mit dem jeweiligen

Der Kleber wird mit einem sicheren Begleitpferd von der Gruppe weggeritten.

Wenn das Wegreiten zu zweit klappt, probiert man es alleine. Die Strecke darf man anfangs nicht zu lang wählen.

> **Tipp:**
>
> Je aufgeregter Sie selbst sind, je mehr Angst Sie vor einer bestimmten Situation haben, desto mehr übertragen Sie diese Verspannung auch auf das Pferd. Es ist schon fast eine meditative Übung zu versuchen, wirklich mit lockerem Gesäß und entspannter Muskulatur an bestimmte Situationen heranzureiten, von denen man annimmt, es könnte Probleme geben. Kann man das nicht, reitet man selbst eine sich selbst erfüllende Prophezeiung herbei!

Schenkeleinsatz korrigieren, zu der Seite das Pferd ausweichen will, und mit dem entgegengesetzten Zügeleinsatz.

Als höherer Schwierigkeitsgrad kann die neu zu bildende Gruppe kurz hinter einer Kurve, also außer Sichtweite, aber noch in Hörweite, positioniert werden.

Gruppe teilen

Um die Pferde langsam daran zu gewöhnen, sich voneinander zu trennen, kann man die Gruppe (mindestens vier Reiter) auch teilen. Jeder reitet in die entgegengesetzte Richtung davon. Später trennt sich dann nur ein Reiter und man kommt schließlich wieder aufeinander zu. Der Fantasie sind dabei keine Grenzen gesetzt. Wichtig ist nur, dass die Pferde sich nicht zu sehr aufregen und handhabbar bleiben. Sonst muss man immer einen Schritt zurückgehen.

Zurückhalten

Sozusagen die hohe Schule für Kleber und die beste Überprüfung der Kontrolle über das eigene Pferd ist das Zurückhalten des Pferdes in einer langsameren Gangart, während die anderen vorausreiten. Am riskantesten ist auch hier wieder der Galopp wegen des bereits erwähnten ausgelösten Fluchtreflexes und Herdentriebes.

Fangen Sie wieder im Schritt an. Halten Sie Ihr Pferd für wenige Schritte an, während die anderen langsam weiterreiten. Loben Sie Ihr Pferd ausgiebig und lassen Sie es langsam auftraben. Dann halten Sie Ihr Pferd im Schritt zurück, während die anderen in einem gesitteten Trab vorangehen. Und wieder ausgiebig loben und hinterhertraben lassen – nicht rasen oder panisch galoppieren. Klappt das alles fast am langen Zügel, können Sie diese Übung auch im Galopp probieren. Sprechen Sie sich mit Ihren Mitreitern ab, damit diese im Notfall sofort anhalten, sollten Sie mit dem Pferd Probleme bekommen. Das ist eine Übung, die man vor allem braucht, wenn man mit im Tempo sehr ungleichen Pferden unterwegs ist, zum Beispiel wenn der mitreitende Isländer einmal ungebremst wegtölten möchte.

Eine Variante für dies Übung ist auch das Warten, wenn die anderen einen Hang hochgaloppieren. Man sollte nicht alle Pferde gleichzeitig lospreschen lassen, sondern immer Pferd für Pferd reiten. Einerseits werden die Tiere durch den Galopp gereizt. Andererseits ist die Strecke gut einsehbar, sodass die Pferde immer alles im Blick haben.

Junge Pferde sollten Sie immer wieder versuchen vor den anderen durchzuparieren und nicht nur auf den Nachahmungseffekt hoffen. Denn sonst orientiert sich Ihr Pferd an den anderen und nicht an Ihnen. Seien Sie einen Tick schneller als die Gruppe oder sprechen Sie mit Ihren Mitreitern ab, wann durchpariert wird.

Das erfordert schon viel Disziplin und innere Sicherheit von Pferd und Reiter: Die ganze Gruppe entfernt sich geschlossen.

☞ Tipp:

Statt dem unruhigen Pferd beim Zurückhalten zu stark im Maul zu hängen, lenken Sie es mit wenigen Schritten rückwärts (Achtung Steigergefahr!) oder mit Seitwärtsgängen ab. Fixieren Sie sich nicht beide stur auf die Wegreitenden, sondern lenken Sie sich mit Übungen ab, bei denen sich auch das Pferd konzentrieren muss. Aber drehen Sie Ihr Pferd nicht mit der Kruppe zu den Wegreitenden, sonst kann es aus Panik im Rollback hinterherstürmen.

Generell gilt beim Reiten in der Gruppe, dass immer auf den schwächsten Reiter Rücksicht genommen werden muss. Hat man einen Durchgänger dabei, gibt es eben keinen Galopp bei diesem Ritt, sondern erst beim nächsten ohne das Problempferd.

Hintere Reiter sollten immer laut und deutlich nach vorne durchrufen, sollte es Probleme geben. Denn die vorderen Reiter können sich nicht permanent umdrehen und haben hinten keine Augen. Nicht einfach den Namen des Vordermannes brüllen, sondern auch kurz mitteilen, was los ist: „Inge, meine Goldi geht durch, bitte langsamer!“

Nutzen Sie die Sicherheit und Ruhe eines erfahrenen Pferdes, um das junge Tier an Angst machende Dinge heranzuführen, wie Autos, Trecker, Kuhherden und ähnliches.

Problemstellen bewusst anreiten

In fast jedem Gelände gibt es Stellen oder Situationen, vor denen das Pferd Angst hat oder an denen es schon einmal zu brisanten Situationen gekommen ist. Nun merkt sich nicht nur das Pferd diese Punkte, sondern auch der Reiter. Der bereits oben erwähnte Moment der sich selbst erfüllenden Prophezeiung tritt ein: „Oh Gott, die Bullenkoppel, an der Max durchging!“ Der Reiter verkrampft sich, nimmt die Zügel kürzer, das Gesäß ist verspannt. Das Pferd, bis dahin vielleicht noch locker verträumt, reagiert: „Hier muss was Schlimmes kommen, nach dem was mein Reiter mir signalisiert. Ich schalte mal alles auf Flucht.“ Der Reiter spürt die Aufmerksamkeit des Pferdes und wird noch verspannter. Den Rest kennt jeder.

Statt nun diese Stellen alle zu meiden – denn sonst käme man gar nicht mehr vom Stall weg –, sollte man sie in Begleitung eines sicheren Pferdes bewusst anreiten und sich und dem Pferd zeigen, dass hier keine Säbelzahntiger wohnen. Bleiben Sie unbedingt ruhig und strahlen Sie innere Zuversicht aus. Ignorieren Sie das Angst auslösende Ding nicht, sondern schauen Sie es ganz bewusst an und signalisieren Sie auch dem Pferd, dass Sie es wahrnehmen. Dann geben Sie ganz deutliche Entspannungszeichen: „Siehst du, da ist zwar was, ich habe es gesehen. Aber du brauchst keine Angst davor zu haben.“ So verhält sich die Leitstute. Wenn Sie die vermeintliche Gefahr ignorieren, werden Sie von Ihrem Pferd nur für blind und dumm gehalten und die Panik wächst noch mehr.

Arbeiten Sie in solchen Situationen ruhig mit Leckerli. Der Kaureflex beruhigt das Pferd automatisch. Und loben Sie unbedingt jeden Schritt in Richtung Gefahr. Man muss nicht gleich auf den Trecker draufspringen. Doch wie sehr Sie das Tempo der Annäherung steigern, hängt von der Psyche Ihres Pferdes ab.

☞ **Tipp:**

Lassen Sie notfalls einen sicheren Reiter mit einer beruhigenden Ausstrahlung Ihr Pferd an diese Situationen heranreiten. Finden Sie selbst erst wieder auf einem anderen, sicheren Pferd Ihr Selbstvertrauen.

Spaßfaktor

Nutzen Sie die Geländeritte, um Ihr Pferd und sich weiterzubilden, es zu gymnastizieren und so erst für Sie als Reittier tauglich zu machen. Seien Sie variabel in Ihrer Aufgabenstellung und spulen Sie auch im Gelände nicht immer dieselben Übungen an denselben Stellen ab – sonst können Sie gleich in der Bahn bleiben. Die Natur ist sowohl hinsichtlich ihrer Sinneseindrücke als auch der Geländegegebenheiten der beste Lehrmeister. Und schlussendlich hat der Mensch sich das Pferd einst als Reittier gezähmt, um mit ihm eben durch dieses Gelände zu reiten. Aber bitte halten Sie sich an die zum Reiten erlaubten Wege und nehmen Sie Rücksicht auf andere Naturliebhaber. Sonst gehören Sie zu den Gelände-Rambos, die dafür sorgen, dass immer mehr Wege für Reiter gesperrt werden!

Bringen Sie Abwechslung in Ihr und des Pferdes Reiterleben. Machen Sie mal Tagesausflüge mit Freunden mit Picknick (Achtung mit engen Dressursätteln bei langen Distanzen) und legen Sie zwischendurch reine Bummeltage ein, an denen Sie und Ihr Pferd die Seele und die Beine baumeln lassen können. Viel Spaß!

6 Reiten bei Frost und Schnee

Manchmal ist es einfach nur schön, bei Schnee auf dem ungesattelten Pferd im Schritt die Sonne zu genießen und die Seele baumeln zu lassen.

Auch wenn es ja angeblich kein schlechtes Wetter gibt, sondern nur schlechte Kleidung, trifft das fürs Reiten nicht ganz zu. Bei strömendem kaltem Regen kann man kein Pferd gymnastizieren, ohne Gefahr zu laufen, die Muskeln zu zerren. Gegen nasskalten Dauerregen kommt kaum eine Muskelaktivität an. Und auch der Reiter zieht eher die Schultern hoch, verkrampft und überträgt dieses Gefühl dann auf das Pferd.

Bodenverhältnisse

Es ist kaum möglich, ein Pferd auf steinhart gefrorenem Boden dazu zu bewegen, locker mit dem Rücken aufzuschwingen, unterzutreten und sich vermehrt auf die Hinterhand zu setzen. Auf gefrorenen oder schneebedeckten Wegen braucht das Pferd alle Konzentration, um sich auszubalancieren, nicht auszurutschen, statt sich auf das Unterteten zu konzentrieren. Das geht nur auf einwandfreiem Boden. Da helfen auch keine Eisen mit Stollen oder Grip, der ja zumindest etwas abfedert. Das ist wie Laufen auf Asphalt ohne Schuhe.

Man kann bei solchen Wetterverhältnissen ohne Probleme ausreiten – aber bitte nicht gymnastizierend trainieren,

Mit einem unbeschlagenen Pferd kann man selbst bei Schnee gymnastizierende Handarbeit machen, wenn der Schnee nicht zu sehr aufstollt.

es sei denn, man hat die Möglichkeit, an Frosttagen auf die Weide eines Landwirts auszuweichen. Diese sollte plan sein, etwas höher im Bewuchs (etwa bis zu 20 Zentimeter hohes Gras) und ohne Löcher oder Maulwurfshügel. Durch das gefrorene hohe Gras ist der Boden gefedert und das Pferd kann gut untertreten. Da der Boden in hart gefrorenem Zustand nicht zertreten werden kann, lassen sich viele Landwirte gerne darauf ein.

Handarbeit

Man kann solche Witterungsbedingungen auch dazu nutzen, um mit dem Pferd die Seitengänge an der Hand zu trainieren. Die Hilfen sind ähnlich wie die auf dem Pferd, wobei der innere Schenkel durch die Gerte ersetzt wird. Der äußere Zügel wird über den Mähnenkamm gezogen und gibt dem Pferd mit einer sanften Anlehnung den Rahmen. Die innere Hand manipuliert die

Sie ist immer wieder eine schöne Übung zum Untertreten und für den seitwärts treibenden Schenkel: die iberische Handarbeit

Maulspalte eher im Aufwärts als im Seit- oder Rückwärts. Sie soll dafür sorgen, dass das Pferd den Kopf zwar hereinnimmt, sich aber nicht darauf legt oder hereinziehen lässt. Anfangs muss man noch ganz ordentlich mit der äußeren Hand, die ja ebenfalls auf der Innenseite des Pferdes ruht, impulsartig an die Schulter des Pferdes drücken, um es bei gebogener Halslinie mit der Schulter auf dem Hufschlag zu halten. Je besser das Pferd versteht, desto leichter wird es. Früher benutzte man dafür sogar einen Sporn in der Hand. Üben Sie die Abstellung auf beiden Händen. Suchen Sie sich dafür einen Weidezaun als Anlehnung.

Dasselbe gilt für Übergänge. Dazu können Sie beide Zügel über dem Mähnenkamm in eine Hand nehmen und die innere Hand für die Gerte nutzen. Zum Bremsen wird sie vor die Pferdenase gehalten. Zum Treiben touchiert sie oben oder seitlich an den Schenkeln. Schritt-Trab-, Trab-Schritt-, Schritt-Halt-, Schritt-Halt-Rückwärts-Trab-Übergänge bieten sich für so eine Arbeit an. Sie gmynastizieren das Pferd in der Tat sehr. Denken Sie daran, dass Sie das Pferd mit Ihrer eigenen Körperposition bereits lenken und beeinflussen. Auch das Übertreten nach iberischer Art ist bei Schnee eine schöne Bodenübung. Fixieren Sie das Pferd am inneren Zügel mit gestelltem Hals und manipulieren Sie es mit der Gerte immer dann am inneren Schenkel, wenn dieser gerade abfußt. Das Pferd soll weit über- und untertreten und dabei mit der Vorhand fast auf der Stelle stehen. Die äußere Zügelhand gibt wieder den Rahmen.

Rechtliche Grundlagen für das Reiten im Gelände

7

Leider oder Gott sei Dank (je nachdem, aus welcher Perspektive man es betrachtet) ist es den Reitern nicht gestattet, überall dort zu reiten, wo sie gerne möchten. Zum einen sollen schlicht Wege geschont werden. In Gegenden mit hohem Reiteraufkommen mag es ein berechtigtes Argument sein, dass sonst die Wege zertreten werden. Doch diese Argumente werden auch dort vorgebracht, wo kaum Reiter sind und jeder Geländewagen oder jede Walderntemaschine mehr Schaden anrichten als die wenigen Hufspuren. Sie werden oft vorgeschoben, um die Reiter aus dem Gelände wegzuhalten, mit Vorliebe von Jagdpächtern. Denn auf der anderen Seite sind es immer wieder die Jagdpächter, die den Reitern die Erholung in der Natur schwer machen. Ein ewig heißes Thema – was nicht sein müsste, wenn sich beide Parteien lösungsorientiert begegnen würden. Für die Jäger gibt es bestimmte Jahreszeiten und da auch nur bestimmte Tageszeiten, an denen man sie garantiert stört und das Wild vertreibt – egal wie wenig sich Wildtiere an ruhigen Reitern stören; das ist in der Regel die Dämmerung am frühen Morgen und am Abend. Das ist zwar ärgerlich, weil das gerade in der bremsenreichen und heißen Zeit auch für Reiter die einzig nutzbaren Reitstunden des Tages sind. Aber vielleicht kann man sich ja jahreszeitlich begrenzt auf bestimmte Wege einigen. Was auch immer der Einzelne von der Jagd halten mag, er sollte dennoch darauf Rücksicht nehmen, schon im eigenen Interesse, um nicht für einen kapitalen Rehbock mit Reiter gehalten zu werden. Schüsse können Pferd und Reiter so maßlos erschrecken, dass das Pferd einfach durchgeht. Wenn möglich, setzen Sie sich mit Ihrem Jagdpächter oder Landwirt in Verbindung und schaffen Sie für alle Bedürfnisse Raum.

Die gesetzliche Regelung, wo in der freien Landschaft und im Wald geritten werden darf, ist Ländersache. Für den Reiter heißt das, dass für jedes Bundesland eine andere Gesetzgebung gilt. Als Bundesgesetz existieren das Bundeswaldgesetz und das Bundesnaturschutzgesetz. In diesen beiden Rahmengesetzen heißt es lediglich, dass das Reiten in Wald und Flur auf Straßen und Wegen erlaubt ist. Die Einzelheiten dazu dürfen aber die Länder selbst bestimmen. Und da geht das Verwirrspiel los. Wo das eine Land das Reiten nur auf dafür extra gekennzeichneten Wegen erlaubt, erlaubt das andere das Reiten überall dort, wo kein Reitverbotschild ist.

Generell gilt, dass auf allen öffentlichen Wegen geritten werden darf. Wenn ein Fußweg besteht, dann natürlich daneben und nicht darauf! Pferde werden straßenverkehrsrechtlich wie Autos behandelt. Bitte erkundigen Sie sich bei Ihrem jeweiligen Ministerium für Landwirtschaft (im Saarland, Bremen und Berlin ist es das Ministerium für Wirtschaft) oder bei der Vereinigung der Freizeitreiter und -fahrer in Deutschland, wie das Reitrecht in Ihrem Bundesland geregelt ist.

Dank

Ich möchte mich bei all denen bedanken, die ganz maßgeblich am Entstehen dieses Buches beteiligt waren und vor allem immer wieder ihre Zeit als geduldige Models zur Verfügung gestellt haben.

Zum einen ein Dankeschön meiner Reitlehrerin Regina Johannsen, die nicht nur für die Fotos meine beiden Pferde Mail (Fjord) und Valeroso (Andalusier) geritten hat, sondern auch dafür, dass sie mich seit Jahren mit meinen Pferden so kompetent, dabei individuell und einfühlsam ausbildet, dass nicht nur ich, sondern auch meine Pferde daran Spaß haben.

Dank an Svea Lünburg und Furioso-Stute Second Fire, Frauke Bülow und Trakehner-Stute Alexa, Sandra Reinhardt und Quarter-Mix-Wallach Jazz, Manuela Wagenau und Lewitzer-Mix-Stute Appanachi. Mit ihren Isländern: Claudia Schmoldt und Dilkja, Elisabeth Karnath und Fendris, Beate Weise und Nasi, Manuela Kleinert-Sohn und Stelpha, Lisa Schmoldt und Boris und Bettina Schmidt als Reiterin für Mali.

Ich wünsche Ihnen viel Freude und Spaß mit einem durchlässigen, gut gymnastizierten Pferd für viele Jahre im Gelände.